DEN BESTE INDISKE KARRIKOKEBOKEN

100 INDISKE OPPSKRIFTER PÅ KARRIRETTER, DALS, CHUTNEYS, MASALAS, BIRYANIS OG MANGE FLERE OPPSKRIFTER

Oline Holm

Alle rettigheter forbeholdt.

motbevisning

Informasjonen i denne e-boken er ment å tjene som en omfattende samling av strategier som forfatteren av denne e-boken har undersøkt. Oppsummeringene, strategiene, tipsene og triksene er kun en anbefaling fra forfatteren, og å lese denne e-boken vil ikke garantere at ens resultater vil gjenspeile forfatterens resultater nøyaktig. Forfatteren av e-boken har gjort alle rimelige anstrengelser for å gi oppdatert og nøyaktig informasjon til leserne av e-boken. Forfatteren og hans bidragsytere vil ikke være ansvarlige for eventuelle utilsiktede feil eller utelatelser som kan bli oppdaget. Materialet i e-boken kan inneholde informasjon fra tredjeparter. Tredjepartsmateriale består av meninger uttrykt av deres eiere. Som sådan påtar forfatteren av e-boken seg ikke noe ansvar for materialet eller meningene til tredjeparter. Enten på grunn av utviklingen av Internett eller uforutsette endringer i selskapets policy og redaksjonelle retningslinjer, kan det som er oppgitt som fakta i skrivende stund bli utdatert eller ubrukelig senere.

E-boken er copyright © 2021 med alle rettigheter reservert. Å videredistribuere, kopiere eller lage avledede verk fra denne e-boken er helt eller delvis ulovlig. Ingen del av denne rapporten kan reproduseres eller overføres i noen form for reprodusert eller overført i noen form uten skriftlig uttrykkelig og signert tillatelse fra forfatteren.

VEDLIKEHOLD

INNHOLD 4
INNLEDNING 8
GRØNNSAKSKARRI 10

    1. THAI KARRIGRYTE 11
    2. SØTPOTETKARRI 15
    3. VEGETABILSK KARRI I THAILANDSK STIL 19
    4. AUBERGINE OG MYNTEKARRI 23
    5. THAI GUL GRØNNSAKSKARRI 27
    6. LØK BHAJI CURRY 31
    7. SPINATKOFTAS I YOGHURTSAUS 35
    8. SRI LANKAS AUBERGINE CURRY 40
    9. VARM OG SUR AUBERGINEKARRI 44
    10. GRESSKAR- OG SPINATKARRI 48

FISK OG SJØMAT KARRI 52

    11. KAMSKJELL REKER CURRY OG 53
    12. KVEITE - VEGETABILSK KARRI 56
    13. CLAM CURRY 61
    14. SITRONGRESS OG REKEKARRI 64
    15. RØD 68
    16. FISK OG PEANØTTKARRI 72
    17. CHU CHI FRA MUSLINGER OG REKER 76
    18. KRYDRET REKER 80
    19. FISK I KARRI MED YOGHURT 84
    20. JUNGLE CURRY PRAWNS 87
    21. CALAMARI MED KARRI 91
    22. BALINESISK SJØMATKARRI 95
    23. GOAN FISH CURRY 100

24. Tamarind fiskekarri 104
25. Sure reker og gresskarkarri 108
26. Fiskekoftas i karrisaus 112
27. Grønn karri med fiskekjøttboller 117
28. Reker med thaibasilikum 121
29. Kremet rekekarri 125

KARRIFUGL 128

30. Søt og sur kyllingkarri 129
31. Karrisuppe med nudler 132
32. Karri i karibisk stil 137
33. Kyllingsuppe med karri 140
34. Slow Cooker Curry 143
35. Curry Chicken på Thai 146
36. Kokos kyllingkarri 149
37. Karri med ananas 152
38. Karri i indisk stil 156
39. Krydret kalkunkarri 160
40. Andekarri med ananas 163
41. Rik kyllingkoftas 167
42. Smør kylling 171
43. Karri med kylling og epleaubergine 175
44. Burmesisk kyllingkarri 180
45. Malaysisk kyllingkarri 184
46. Malaysisk kyllingkarri 188
47. And og kokos karri 192
48. Krydret kylling og mandler 196
49. Kylling i kokosmelk 200
50. Grønn kyllingkarri 203 _ 204

INTRODUKSJON

Karriens historie peker på mange land og kulturer. Fra India til Midtøsten og Asia har karri vært en stift i kjøkkenet i århundrer. Den finnes nå i skåler på spisebord rundt om i verden. Folk av mange nasjonaliteter og etnisiteter liker karri.

Å lage karriretter kan være nesten like gøy som å spise dem. Du kan starte fra bunnen av eller, hvis du er ny på karri, lage din egen karripasta eller karripulver.

Hvis du lager ditt eget pulver, kan du legge til flere ingredienser som hvitløk, salt eller andre typer krydder. En god første karri er chicken curry eller butter chicken curry.

Du kan spare tid og ikke ofre smaken hvis du bruker ferdig karripasta. Denne pastaen lar deg enkelt tilberede en deilig karri som Korma eller Tikka Masala. Du kan bruke karripasta med grønnsaker og kjøtt og legge til flere ingredienser som gleder ganen din.

Når karrien din er kokt, kan du servere den varm med hot pot og naanbrød!

GRØNNSAKSKARRI

1. Thai karrigryte

Gir 4 porsjoner

ingredienser:

For karripasta:

- 6 varme paprika uten stilker og frø, tørket
- 1/2 ts salt, kosher
- 1 x nederste 4" skrellet, 1"-terninger sitrongressstilk
- 2 ss fersk galangal, skrellet, hakket
- 2 ss fersk gurkemeie, hakket og skrelt
- 1/2 kopp sjalottløk, hakket
- 1/4 kopp halverte hvitløksfedd
- 1 ss rekepasta, thai

Til lapskausen:

- 2 pund 1 & 1/2" biff i terninger

- 3 ss soyasaus, thai

- 2 ss thai chili, malt og tørket

- 9 kopper lavnatriumbiffbuljong

- 1 kopp sjalottløk, halvert

- 3 gulrøtter, skrelles, halveres på langs og kuttes på tvers, middels

- 6 frosne eller ferske kaffirlimeblader

- Til servering: hakket koriander og hakket basilikum

Veibeskrivelse:

a) For å forberede karripastaen, bank chili og salt med en morter i 5-6 minutter. Tilsett resten av pastaingrediensene en om gangen i rekkefølgen som er oppført ovenfor, og pisk hver helt til et pulver før du tilsetter den neste. Dette vil ta totalt 15-20 minutter.

b) For å lage lapskausen, kombiner karripastaen med soyasausen, biff og chili i en stor gryte. Kast jevnt, belegg

c) kalvekjøtt bra. Rør av og til mens du koker i 5-6 minutter på middels varme. Tilsett buljongen. Kok opp.

d) Dekk til og reduser varmen til middels lav. Rør av og til mens det småkoker i 2 til 2 1/2 time, til biffen er mør, men ennå ikke faller fra hverandre.

e) Rør inn limeblader, sjalottløk og gulrøtter. La småkoke i 10-12 minutter til grønnsakene er akkurat møre. Bruk basilikum og koriander til å pynte og servere.

2. Søtpotet karri

Gir 4 porsjoner

ingredienser:

- 2 ss rapsolje
- 1 ts sennepsfrø
- 1 ts spisskummen frø
- 2 mellomstore løk hakket
- Kosher salt, om ønskelig
- Svart pepper, malt, om ønskelig
- 3 finhakkede hvitløksfedd
- 1 ss skrelt, hakket ingefær
- 1 & 1/2 ts gurkemeie, malt
- Valgfritt: 1 ts garam masala krydderblanding
- 1 klype sort pepper, cayennepepper
- 1 lb. trimmet, halvert rosenkål

- 1 og 1/2 lbs. av 1/2" kuttede og skrellede søtpoteter

- 1 x 15-unse boks med skyllede kikerter

- 2/3 kopp melk, kokos

- 2 hakkede dadler

- Servering: Gresk yoghurt

Veibeskrivelse:

a) Varm oljen i en stor gryte over middels varme. Tilsett sennepsfrø og spisskummen. Rør ofte mens du koker i et minutt til sennepsfrøene begynner å poppe.

b) Tilsett løken og bruk salt til å krydre. Rør ofte mens du steker i 5-7 minutter, til løken begynner å bli myk. Tilsett ingefær og hvitløk.

c) Rør mens du koker i 1-2 minutter til dufter. Tilsett og rør inn garam masala (valgfritt), cayenne og gurkemeie. Krydre etter ønske.

d) Tilsett kikertene, rosenkålen og søtpotetene. Krydre etter ønske. Tilsett 2/3 kopp vann og kokosmelk og bland. Kok opp. Reduser varmen for å småkoke.

e) Kok i 18 til 20 minutter til grønnsakene er møre. Rør inn dadlene. La gryten stå uten lokk og la det småkoke i ytterligere 3-4 minutter. Server med dupper gresk yoghurt.

3. Vegetabilsk karri i thailandsk stil

Gir 6 porsjoner

ingredienser:

- 1 x 8,8 oz pakke Spaghetti Rice Tynn
- 1 ss olje, sesam
- 2 ss karripasta, rød
- 1 kopp kokosmelk, lett
- 1 x 32-oz. kartong med grønnsaksbuljong eller kyllingbuljong med lite natrium
- 1 ss fiskesaus eller soyasaus med lite natrium
- 1 x 14-oz. pakke drenert, fast tofu i terninger
- 1 x 8 og 3/4-oz. boks drenert, halvert babymais, hel
- 1 x 5 oz. boks med drenerte bambusskudd
- 1 og 1/2 kopper fersk, hakket sopp

- 1/2"-stripet middels rød søt pepper
- Friske revne basilikumblader, om ønskelig
- Friske limebåter, om ønskelig

Veibeskrivelse:

a) Tilbered nudlene etter instruksjonene på pakken. Legg dem til side.

b) Varm olje på medium i en stor kjele. Tilsett karripasta og kok i 1/2 minutt til dufter. Pisk gradvis inn kokosmelken til den er godt blandet. Tilsett og rør inn soyasaus og kraft. Kok opp.

c) Tilsett grønnsaker og tofu i kjelen. Kok i 3 til 5 minutter til grønnsakene er møre og sprø. Tøm nudlene og tilsett blandingen.

d) Topp individuelle porsjoner med hakket basilikum og server med friske limebåter, om ønskelig.

4. Aubergine og myntekarri

Gir 4 porsjoner

ingredienser:

- 2 ss kokosolje
- 1 ts sennepsfrø
- 1 ts spisskummen frø
- 3 hakkede hvitløksfedd
- 1 ss frisk, finhakket ingefær
- 1 middels løk, hakket
- Havsalt etter ønske
- 1 ts gurkemeie, malt
- 1 klype cayennepepper
- 2 revne tomater, store - spar saften
- 5 kopper 1/2" aubergine i terninger
- 1 og 1/4 kopper kikerter, drenert og kokt
- 4 ss jalapeños, finhakket

- 1 finhakket sjalottløk
- 1 ss limejuice, fersk + ekstra til servering
- 1 ts ren honning
- 2 ss usøtet kokosnøtt, i flak
- 1 kopp mynteblader, grovhakket
- 1/4 kopp korianderblader, grovhakket
- Malt pepper etter ønske
- Servering: yoghurt

Veibeskrivelse:

a) Varm oljen i en stor stekepanne over middels høy. Tilsett sennepsfrø og spisskummen. Kok i 1/2 minutt og tilsett ingefær og hvitløk.

b) Rør i 1-2 minutter til hvitløken begynner å bli brun, og rør deretter inn løk og salt etter smak. Rør ofte mens du steker i 4-5 minutter til løken er myk.

c) Tilsett og rør inn cayennepepper og gurkemeie. Tilsett tomatene med saften. Tilsett 1/4 kopp vann, 1 klype salt, kikerter og aubergine. Rør, reduser deretter varmen til middels lav. Dekk til fatet. La småkoke i 14-16 minutter til auberginen er myk.

d) Fjern kjelen fra varmen. Tilsett jalapeños, honning, sjalottløk og limejuice. Tilsett mynte, kokos og koriander.

e) Krydre etter ønske. Drypp med yoghurt og server.

5. Thai gul grønnsakskarri

Gir 6 porsjoner

ingredienser:

- 8 grønne chilier
- 5 røde asiatiske sjalottløk, hakket
- 2 fedd hvitløk, knust
- 1 ss finhakket korianderstilk og rot
- 1 stilk sitrongress, kun hvit del, finhakket
- 2 ss finhakket galangal
- 1 ts malt koriander
- 1 ts malt spisskummen
- 1 ts malt gurkemeie
- 1 ts sorte pepperkorn
- 1 ss limejuice
- 3 ss olje 1 løk, finhakket
- 200 g (7 oz) universalpoteter, i terninger

- 200 g (7 oz) squash (zucchini), i terninger

- 150 g (5½ oz) paprika (pepper), i terninger

- 100 g (3½ oz) halverte bondebønner, hakket

- 50 g (1¾ oz) bambusskudd, hakket

- 250 ml (9 oz/1 kopp) grønnsaksbuljong

- 400 ml (14 oz) kokoskrem thaibasilikum, til servering

Veibeskrivelse:

a) Ha alle ingrediensene til currypaste i en foodprosessor eller morter og stamper og bearbeid eller bank dem til en jevn pasta.

b) Varm oljen i en stor kjele, tilsett løken og stek på middels varme i 4-5 minutter eller til den er myk og såvidt gylden. Tilsett 2 ss av den tilberedte gule karripastaen og kok under omrøring i 2 minutter eller til dufter.

c) Tilsett alle grønnsakene og kok under omrøring over høy varme i 2 minutter. Hell i grønnsakskraften, reduser varmen til middels og kok under lokk i 15-20 minutter eller til grønnsakene er møre. Kok uten lokk over høy varme i 5-10 minutter eller til sausen er litt redusert.

d) Rør inn kokoskremen og smak til med salt. Kok opp, rør ofte, reduser deretter varmen og la det småkoke i 5 minutter. Pynt med thailandske basilikumblader.

6. Løk Bhaji Curry

Gir 4 porsjoner

ingredienser:

- 2 ss smør
- 1 ts revet ingefær
- 2 fedd hvitløk, knust
- 425 g (15 oz) hermetiske knuste tomater
- 1 ts malt gurkemeie
- ½ ts chilipulver
- 1½ ts malt spisskummen
- 1 ts malt koriander
- 1½ ss garam masala
- 250 ml (9 oz/1 kopp) tung krem (til pisking).
- hakkede korianderblader
- 125 g (4½ oz/1¼ kopper) kikertmel
- 1 ts malt gurkemeie

- ½ ts chilipulver
- 1 ts asafoetida
- 1 løk, finhakket
- olje til frityrsteking

Veibeskrivelse:

a) Varm oljen i en panne, tilsett ingefær og hvitløk og stek i 2 minutter eller til dufter. Tilsett tomat, gurkemeie, chilipulver, spisskummen, koriander og 250 ml (9 oz/1 kopp) vann. Kok opp, reduser deretter varmen og la det småkoke i 5 minutter eller til det tykner litt.

b) Tilsett garam masala, rør inn fløten og la det småkoke i 1-2 minutter. Fjern fra varme.

c) For å lage bhajis, bland besan, gurkemeie, chili og asafoetida med 125 ml (4 oz/½ kopp) vann og salt etter smak. Visp til en jevn røre, og rør deretter inn løken.

d) Fyll en dyp, tykkbasert kasserolle en tredjedel full med olje og varm opp til 160°C (315°F) eller til en terning med brød falt ned i oljen blir brun i løpet av 30 sekunder.

e) Tilsett spiseskjeer av løkblandingen i omganger og stek i 1-2 minutter eller til den er gyldenbrun over det hele, og renn av på et papirhåndkle. Hell sausen over bhajiene og pynt med korianderbladene.

7. Spinatkoftas i yoghurtsaus

Gir 4 porsjoner

ingredienser:

- 375 g (13 oz/1½ kopper) vanlig yoghurt
- 35 g (1¼ oz /1/3 kopp) kikertmel
- 1 ss smør
- 2 ss sorte sennepsfrø
- 1 ts bukkehornkløverfrø
- 6 karri permisjon
- 1 stor løk, finhakket
- 3 fedd hvitløk, knust
- 1 ts malt gurkemeie
- ½ ts chilipulver

Klønete

- 450 g (1 lb/1 haug) engelsk spinat
- 170 g (6 oz/1½ kopper) kikertmel

- 1 rødløk, finhakket
- 1 moden tomat, finhakket
- 2 fedd hvitløk, knust
- 1 ts malt spisskummen
- 2 ss korianderblader
- olje til frityrsteking

Veibeskrivelse:

a) For å lage yoghurtsausen, visp yoghurt, besan og 750 ml (26 oz/3 kopper) vann i en bolle til den er jevn. Varm oljen i en kjele eller dyp stekepanne på lav varme.

b) Tilsett senneps- og bukkehornkløverfrøene og karribladene, dekk til og la frøene poppe i 1 minutt.

c) Tilsett løken og stek i 5 minutter eller til den er myk og begynner å bli brun.

d) Tilsett hvitløken og rør i 1 minutt eller til den er myk. Tilsett gurkemeie og chilipulver og rør i 30 sekunder. Tilsett yoghurtblandingen, kok opp og la det småkoke i 10 minutter.

e) For å lage spinatkoftas, blancher spinaten i kokende vann i 1 minutt og oppdater i kaldt vann. Tøm, klem ut overflødig vann ved å legge spinaten i et dørslag og presse den mot sidene med en skje. Hakk spinaten fint.

f) Kombiner med resten av kofta-ingrediensene og opptil 3 ss vann, litt om gangen, og tilsett nok til at blandingen blir myk, men ikke rennende. Hvis det blir for slurvete, tilsett mer besan. Form blandingen til kuler ved å rulle dem med fuktede hender, bruk ca 1 ss av blandingen til hver. Det skal være 12 koftaer.

g) Fyll en dyp kjele en tredjedel full med olje og varm opp til 180°C (350°F) eller til en terning med brød blir brun på 15 sekunder. Slipp koftaen i oljen i porsjoner og stek til den er gylden og sprø. Ikke overfylt pannen.

h) Fjern koftaene mens de er kokt, rist av overflødig olje og tilsett yoghurtsausen. Varm forsiktig opp yoghurtsausen, pynt med korianderblader og server.

8. Sri Lankas aubergine karri

Gir 6 porsjoner

ingredienser:

- 1 ts malt gurkemeie

- 12 tynne auberginer (auberginer), kuttet i 4 cm (1½ tommer) runder

- olje til frityrsteking

- 2 løk, finhakket

- 2 ss srilankisk karripulver

- 2 fedd hvitløk, knust

- 8 karriblader, grovhakket, pluss ekstra hele blader til pynt

- ½ ts chilipulver

- 250 ml (9 oz/1 kopp) kokoskrem

Veibeskrivelse:

a) Bland halvparten av malt gurkemeie med 1 ts salt og gni inn i auberginen, pass på at snittflatene er godt belagt. Ha i et dørslag og la stå i 1 time. Skyll godt og legg på et rynket papirhåndkle for å fjerne overflødig fuktighet.

b) Fyll en dyp, tykkbasert kasserolle en tredjedel full med olje og varm opp til 180° C (350° F) eller til en terning med brød falt ned i oljen blir brun i løpet av 15 sekunder. Kok aubergine i partier i 1 minutt eller til de er gyldenbrune. Tørk av på et krøllete papirhåndkle.

c) Varm opp den ekstra oljen i en stor kjele, tilsett løken og stek på middels varme i 5 minutter eller til den er brun.

d) Tilsett karripulver, hvitløk, karriblader, chilipulver, aubergine og gjenværende gurkemeie i pannen og stek i 2 minutter. Rør inn kokoskremen og 250 ml (9 oz/1 kopp) vann og smak til med salt.

e) Reduser varmen og la det småkoke i 3 minutter, eller til auberginen er gjennomstekt og sausen har tyknet litt. Pynt med ekstra karriblader.

9. Varm og syrlig auberginekarri

Gir 4 porsjoner

ingredienser:

- 1 stor (ca. 500 g /1 lb 2 oz) aubergine (aubergine)
- 2 små tomater
- 2 ss smør
- 3 ss bukkehornkløverfrø
- 3 ss fennikelfrø
- 4 fedd hvitløk, knust
- 1 stor løk, finhakket
- 4 karriblader
- 1½ ss malt koriander
- 2 ss gurkemeie
- 125 ml (4 oz/½ kopp) tomatjuice
- 2 ss tamarindpuré
- 2 røde chili, finhakket

- 125 ml (4 oz/½ kopp) kokoskrem
- 1 håndfull korianderblader, hakket

Veibeskrivelse:

a) Skjær auberginen i 2 cm (¾ tomme) terninger. Dryss over ½ teskje salt og sett til side i 1 time. Tøm og skyll.

b) Skjær tomatene i grove terninger. Varm oljen i en tykk gryte over middels varme. Tilsett bukkehornkløver og fennikelfrø. Når de begynner å sprekke, tilsett hvitløk, løk og karriblader og stek i 3-5 minutter eller til løken er gjennomsiktig.

c) Tilsett auberginen og stek i 6 minutter eller til den begynner å bli myk. Tilsett malt krydder, tomater, tomatjuice, tamarind og hakket fersk chili.

d) Kok opp, reduser deretter til en koking, dekk til og fortsett å koke i ca 35 minutter eller til auberginen er veldig mør. Rør inn kokoskrem og koriander og smak til.

10. Pumpkin og spinatkarri

Gir 6 porsjoner

ingredienser:

- 3 stearinlys
- 1 ss rå peanøtter
- 3 røde asiatiske sjalottløk, hakket
- 2 fedd hvitløk
- 2-3 ts sambal oelek
- 1 ts malt gurkemeie
- 1 ts revet galangal
- 2 ss smør
- 1 løk, finhakket
- 600 g (1 lb 5 oz) squash (gresskar), kuttet i 2 cm ($\frac{3}{4}$ tomme) terninger
- 125 ml (4 oz/$\frac{1}{2}$ kopp) grønnsaksbuljong
- 350 g (12 oz) engelsk spinat, grovhakket
- 400 ml (14 oz) kokoskrem

- 1 teskje sukker

Veibeskrivelse:

a) Ha alle ingrediensene til currypaste i en foodprosessor eller morter og stamper og bearbeid eller bank dem til en jevn pasta.

b) Varm oljen i en stor kjele, tilsett karripasta og kok under omrøring på lav varme i 3-5 minutter eller til dufter. Tilsett løken og stek i ytterligere 5 minutter eller til den er myk.

c) Tilsett squashen og halvparten av grønnsakskraften og kok under lokk i 10 minutter eller til squashen er nesten ferdigstekt. Legg til mer lager etter behov.

d) Tilsett spinat, kokoskrem og sukker og smak til med salt. Kok opp under konstant omrøring, reduser deretter varmen og la det småkoke i 3-5 minutter, eller til spinaten er gjennomkokt og sausen har tyknet litt. Server umiddelbart.

FISK OG SJØMAT KARRI

11. reke karri

Gir 3 porsjoner

ingredienser:

- 2/3 kopp kokosmelk, lett
- 1 og 1/2 ts karripulver
- 1 ss fiskesaus på flaske
- 1 ts brunt sukker
- 1/4 ts havsalt
- 1/4 ts sort pepper
- 1 lb. skrellede store, rå reker
- 1 middels rød søt paprika, finhakket
- 2 hakkede grønne løk
- 1/4 kopp fersk, malt koriander

Å servere:

- Kokt jasminris, varmet etter ønske
- Limekiler, valgfritt

Veibeskrivelse:

a) Kombiner de første 6 ingrediensene i en liten bolle. Stek rekene i en panne i 2 ss av kokosmelkblandingen du nettopp har tilberedt til rekene blir rosa. Ta dem ut og hold dem varme.

b) Tilsett resten av kokosmelken og fiskesausblandingen, sammen med rød paprika og løk i pannen. Kok opp. Rør mens du koker til grønnsakene er møre, 3 til 4 minutter. Tilsett rekene, deretter koriander. Varm helt opp. Server over ris og med limebåter, om ønskelig.

12. Kveite - vegetabilsk karri

Gir 4 porsjoner

ingredienser:

Til karribunnen:

- 2 ss olje, olivenolje
- 1 kopp gulrøtter, hakket
- 1 kopp selleri, hakket
- 1 kopp løk, hakket
- 1/4 kopp hakket ingefær, skrelt
- 4 store, hakkede hvitløksfedd
- 3 ss karripasta, thaigul
- 4 kopper gulrotjuice
- 1 kopp kokosmelk på boks, usøtet
- 3 kopper 1" blandede grønnsaker i terninger som squash, paprika
- Havsalt etter ønske
- Malt pepper etter ønske

For kveite:

- 1/2 kopp skivede mandler
- 4 x 4 oz. Stillehavskveitefilet, uten skinn
- Havsalt etter ønske
- 1 eggehvite, stor
- 2 ss olje, olivenolje
- Friske basilikumblader etter ønske

Veibeskrivelse:

a) For å forberede karribunnen, varm oljen i en kjele over middels lav. Tilsett hvitløk, ingefær, løk, gulrøtter og selleri. Rør av og til mens du koker i 10 til 15 minutter, til grønnsakene er møre og velduftende.

b) Øk varmenivået til middels høyt. Tilsett karripastaen. Rør mens du koker i 2 til 3 minutter, til pastaen begynner å karamellisere. Tilsett gulrotjuice og øk varmen til høy. La så blandingen koke. Reduser varmen til middels lav. La det småkoke i 15 til 20 minutter til saften er halvert.

c) Sil karrien gjennom en sil over i en stor bolle. Kast de faste stoffene fra silen. Ha blandingen tilbake i den samme mellomstore bollen. Tilsett kokosmelk og blandede grønnsaker. Rør av og til mens du koker over middels høy varme i 8 til 10 minutter, til grønnsakene er møre. Krydre etter ønske.

d) For å tilberede kveiten, forvarm ovnen til 350F. Mal mandlene i en foodprosessor uten å male til en pasta. Overfør til en grunn bred bolle. Krydre hver side av fileten med havsalt. Pisk eggehvitene i en egen, grunn bolle til det er så vidt skummende. Dypp toppen av filetene i eggehvite før du dypper dem i mandlene. Press slik at mandlene fester seg godt. Ha dem over på en tallerken med skinnsiden opp.

e) Varm oljen i en ovnssikker panne over middels høy. Legg fisken i en panne med skinnsiden ned. Kok i 3 til 4 minutter til nøttene er gyldenbrune. Snu filetene. Overfør pannen til en 350F ovn. Stek i 4 til 5 minutter, til fisken knapt er ugjennomsiktig i midten.

f) Fordel karribunnen i individuelle boller. Anrett filetene på toppen og pynt med basilikum og server.

13. Midi Curry

Gir 4 porsjoner

ingredienser:

- 2 ss olje, vegetabilsk

- 3 store purre, hakket, deretter skyllet og drenert - kun lysegrønne og hvite deler

- Kosher salt, om ønskelig

- Malt pepper etter ønske

- 2 hakkede hvitløksfedd

- 1/2 ts karripulver, madras

- 2 og 1/2 lbs. fra blåskjell - fjern skjegget

- 1/2 kopp kokosmelk på boks, usøtet

- Til servering: 2 ss korianderblader

Veibeskrivelse:

a) Varm oljen i en tung, stor gryte over middels høy. Tilsett purren og smak til. Rør ofte mens du koker i 8 til 10 minutter, til de er møre. Tilsett karri og hvitløk. Rør mens du koker i 1-2 minutter til dufter.

b) Tilsett kokosmelk, 1 og 1/2 kopper vann og muslinger. Kok opp og reduser varmen til lav. Dekk til fatet.

c) Kok i 5-7 minutter til muslingene åpner seg. Kast uåpnede muslinger. Topp med koriander og server.

14. Sitrongress og rekekarri

Gir 4 porsjoner

ingredienser:

- 1 stor sjalottløk, grovhakket
- 5 knuste hvitløksfedd
- 2 kvister sitrongress – finhakk lysegrønne deler og løker 1" stykke skrellet og hakket ingefær
- 1 frøet, hakket jalapenopepper
- 1 ts koriander, malt
- 1/2 ts spisskummen, malt
- 1/2 kopp korianderblader og møre stilker + ekstra til servering
- 2 ss olje, vegetabilsk
- 2 ss miso, hvit
- 2 ss sukker, lysebrunt
- 1 x 13 og 1/2-oz. boks kokosmelk, usøtet

- Kosher salt og malt svart pepper, om ønskelig

- 1 lb. store skrellet og deveined reker

- 2 ss limejuice, fersk

- Til servering: varm ris og skivet lime

Veibeskrivelse:

a) Bearbeid hvitløk, sjalottløk, ingefær, sitrongress, spisskummen, koriander, jalapeño, 1 ss olje og 1/2 kopp koriander i en foodprosessor til du har en jevn pasta.

b) Varm den siste 1 ss olje i en stekepanne over middels høy. Rør pastaen hele tiden mens du koker i 5-7 minutter til den dufter.

c) Bland med sukker og miso. Visp inn 1/2 kopp vann og kokosmelk. La det småkoke. Krydre etter ønske. Reduser varmen og la karrien småkoke, rør av og til, til smakene mykner og blandes, 20 til 25 minutter.

d) Tilsett rekene i karrien. La småkoke i 3-4 minutter til de er nesten gjennomstekt. Fjern kjelen fra varmen. Rør limejuice inn i karri.

e) Del risen i separate boller og hell over en skje karri. Topp med koriander. Server med ferske limebåter.

15. Rød fisk karri

Gir 4 porsjoner

ingredienser:

- 1 sjalottløk, stor
- 6 fedd hvitløk
- 1 x 2" skrellet, skivet stykke ingefær
- 2 ss olje, vegetabilsk
- 2 ss karripasta, rød
- 2 ss malt gurkemeie
- 1 og 1/2 kopper hele, hermetiske, skrellede tomater + 15 gram juice
- 1 x 13 og 1/2-oz. boks kokosmelk, usøtet
- Kosher salt, om ønskelig
- 1 lb blandede grønnsaker, kuttet i 1" som gulrøtter, blomkål
- 1 lb. 2"-kuttede biter av torsk eller kveite – fjern skinnet

- Til servering: risnudler, kokte, limebåter og korianderblader, valgfritt

Veibeskrivelse:

a) Finmal sjalottløk, ingefær og hvitløk i en kjøkkenmaskin. Varm oljen i en stor stekepanne over middels varme. Tilsett sjalottløkblandingen i pannen. Rør ofte mens du steker i 4-5 minutter, til de er gyldenbrune.

b) Tilsett gurkemeie og karripasta. Rør mens du koker i 3-4 minutter, til blandingen begynner å feste seg til pannen og blir mørkere i fargen. Knus tomatene og tilsett dem og saften deres. Rør ofte mens du koker og skrap opp de brunede bitene i 4-5 minutter, til tomatene begynner å bryte ned og fester seg til pannen.

c) Rør inn kokosmelken. Krydre etter ønske. Rør av og til mens det småkoker i 8 til 10 minutter, til smakene har blandet seg og blandingen har tyknet litt. Tilsett grønnsakene.

d) Tilsett nok vann til å dekke grønnsakene. La det småkoke. Rør av og til mens du koker i 8 til 10 minutter, til grønnsakene er sprø.

e) Krydre fisken etter ønske. Ha det i karrien. Sett karrien tilbake til koking. Stek i 5-6 minutter til fisken er gjennomstekt. Legg karrien over nudlene. Topp med frisk lime og koriander. Tjene.

16. Fisk og peanøttkarri

Gir 6 porsjoner

ingredienser:

- 50 g (1¾ oz/1/3 kopp) sesamfrø
- 1 ts chilipepper
- ¼ teskje malt gurkemeie
- 1 ss tørket kokosnøtt
- 2 ss malt koriander
- 1 ts malt spisskummen
- 40 g (1½ oz/½ kopp) sprø stekt løk
- 5 cm (2in) bit ingefær, hakket
- 2 fedd hvitløk, finhakket
- 3 ss tamarindpuré
- 1 ss crunchy peanøttsmør
- 1 ss ristede peanøtter
- 8 karriblader, pluss ekstra til servering

- 1 kg (2 lb 4 oz) faste sikfileter, uten skinn, kuttet i 2 cm (¾ tomme) terninger
- 1 spiseskje sitronsaft

Veibeskrivelse:

a) Ha sesamfrøene i en tykk stekepanne på middels varme og bland til de er gylne. Tilsett cayennepepper, gurkemeie, kokosnøtt, malt koriander og malt spisskummen og rør i ytterligere et minutt eller til dufter. Sett til side til avkjøling.

b) Ha stekt løk, ingefær, hvitløk, tamarind, 1 ts salt, peanøttsmør, ristede peanøtter, sesamkrydderblanding og 500 ml (17 oz/2 kopper) varmt vann i en foodprosessor og bearbeid til blandingen blir jevn, tykk. konsistens.

c) Ha sausen og karribladene i en tykk panne på middels varme og kok opp. Dekk til og la det småkoke i 15 minutter, og legg deretter fisken i et enkelt lag.

d) La det småkoke under lokk i ytterligere 5 minutter eller til fisken er gjennomstekt. Rør forsiktig inn sitronsaften og smak til god på smak. Pynt med karriblader og server.

17. Kamskjell og reker chu chi

Gir 4 porsjoner

ingredienser:

- 10 lange røde chili, tørket
- 1 ts korianderfrø
- 1 ss rekepasta
- 1 ss hvite pepperkorn
- 10 kaffir limeblader, finrevet
- 10 røde asiatiske sjalottløk, hakket
- 2 ss finrevet kaffir limeskall
- 1 ss hakkede korianderstilker og rot, finhakket
- 1 stilk sitrongress, kun hvit del, finhakket
- 3 ss hakket galangal
- 6 fedd hvitløk, knust
- 540 ml (18½ oz) kokoskrem på boks

- 500 g (1 lb 2 oz) kamskjell med kaviar fjernet

- 500 g (1 lb 2oz) rå kongereker (reker), skrellet, avveget, haler intakte

- 2-3 ss fiskesaus

- 2-3 ss palmesukker (jaggery)

- 8 kaffir limeblader, finrevet

- 2 røde chili, i tynne skiver

- 1 stor håndfull thaibasilikum

Veibeskrivelse:

a) Bløtlegg chiliene i kokende vann i 5 minutter eller til de er møre. Fjern stilken og frøene, og hakk deretter. Tørrstek korianderfrøene, folieinnpakket rekepasta og pepperkorn i en panne på middels høy varme i 2-3 minutter eller til dufter.

b) La avkjøle. Knus eller mal koriander og sort pepper til pulver med en morter eller en krydderkvern.

c) Ha hakket chili, rekepasta og malt koriander og pepperkorn sammen med resten av ingrediensene til karripastaen i en foodprosessor eller morter og mal den til en jevn pasta.

d) Ha den tykke kokoskremen fra toppen av formene i en kjele, la det småkoke på middels varme, rør av og til, og kok i 5-10 minutter, eller til blandingen "deler seg" (smøret begynner å skille seg).

e) Rør inn 3 ss karripasta, reduser varmen og la det småkoke i 10 minutter eller til dufter.

f) Rør inn den resterende kokoskremen, muslingene og rekene og kok i 5 minutter eller til de er møre. Tilsett fiskesaus, palmesukker, kaffirlimeblader og chili og kok i 1 minutt. Rør inn halvparten av thaibasilikumen og pynt med de resterende bladene.

18. Krydret reker

Gir 4 porsjoner

ingredienser:

- 1 kg (2 lb 4 oz) rå reker, skrellet, avvevet, haler intakte
- 1 ts malt gurkemeie
- 3 ss smør
- 2 løk, finhakket
- 4-6 fedd hvitløk, knust
- 1-2 grønne chili, frø, hakket
- 2 ss malt spisskummen
- 2 ss malt koriander
- 1 ts rød pepper
- 90 g (3½ oz/1/3 kopp) vanlig yoghurt
- 80 ml (2½ oz/1/3 kopp) tung (piskende) krem

- 1 stor håndfull korianderblader, hakket

Veibeskrivelse:

a) Kok opp 1 liter (35 oz/4 kopper) vann i en kjele. Tilsett de reserverte rekeskallene og hodene, reduser varmen og la det småkoke i 2 minutter.

b) Fjern avskum som dannes på overflaten under koking. Sil, kast skjellene og hodene og ha væsken tilbake i pannen. Du trenger omtrent 750 ml (26 oz/3 kopper) væske (fyll på med vann om nødvendig).

c) Tilsett gurkemeie og skrellede reker og stek i 1 minutt eller til rekene blir rosa, fjern deretter. Hold lager.

d) Varm oljen i en stor kjele. Tilsett løken og stek på middels varme under omrøring i 8 minutter eller til den er lett gyldenbrun. Tilsett hvitløk og chili og stek i 1–2 minutter, tilsett deretter spisskummen, koriander og paprika og stek under omrøring i 1-2 minutter eller til dufter.

e) Tilsett den reserverte kraften gradvis, kok opp og kok, rør av og til, i 30-35 minutter eller til blandingen har redusert til det halve og fet skrift.

f) Ta av varmen og rør inn yoghurten. Tilsett rekene og stek på lav varme i 2-3 minutter, eller til rekene er gjennomvarme. Ikke kok.

g) Rør inn fløte og korianderblader. Dekk til og la stå i 15 minutter for å la smakene trekke. Varm forsiktig og server.

19. Fisk i karri med yoghurt

Gir 4 porsjoner

ingredienser:

- 1 kg (2 lb 4 oz) faste hvite fiskefileter uten skinn
- 3 ss smør
- 1 løk, finhakket
- 2 ss finhakket ingefær
- 6 fedd hvitløk, knust
- 1 ts malt spisskummen
- 2 ss malt koriander
- 1 ts malt gurkemeie
- 1 ts garam masala
- 185 g (6½ oz/¾ kopp) gresk yoghurt
- 4 lange grønne chilier, frikuttet, finhakkede korianderblader til servering

Veibeskrivelse:

a) Skjær hver fiskefilet i fire stykker og tørk dem godt. Varm oljen i en stor stekepanne på lav varme og stek løken til den er myk og litt brun.

b) Tilsett ingefær, hvitløk og krydder og rør i 2 minutter. Tilsett yoghurt og grønn chili og kok opp, dekk til og la det småkoke i 10 minutter.

c) Skyv inn fiskestykkene og la det småkoke i 10–12 minutter eller til fisken flaker seg lett og er gjennomstekt. Ikke overkok ellers vil fisken slippe væske og sausen splittes.

d) Pynt med korianderblader og server umiddelbart. Hvis du lar retten stå, kan fisken slippe væske og gjøre sausen renere.

20. Jungle karri reker

Gir 6 porsjoner

ingredienser:

- 10-12 tørkede røde chilier
- 1 ts hvit pepper
- 4 røde asiatiske sjalottløk
- 4 fedd hvitløk
- 1 stilk sitrongress, kun hvit del, hakket
- 1 ss finhakket galangal
- 2 korianderrøtter
- 1 ss finhakket ingefær
- 1 ss tørrstekt rekepasta
- 1 ss peanøttsmør
- 1 fedd hvitløk, knust
- 1 ss fiskesaus
- 30 g (1 oz/¼ kopp) malte stearinlys
- 300 ml (10½ oz) fiskekraft

- 1 ss whisky
- 3 kaffir limeblader, revet
- 600 g (1 lb 5 oz) rå reker (reker), skrellet og avveget, haler intakte
- 1 liten gulrot, delt i kvarte på langs, i tynne skiver diagonalt
- 150 g (5½ oz) slangebønner (yard lange), kuttet i 2 cm (¾ in) lengder
- 50 g (1¾ oz/¼ kopp) bambusskudd
- Thai basilikum, til servering

Veibeskrivelse:

a) Bløtlegg chiliene i kokende vann i 5 minutter eller til de er møre. Fjern stilken og frøene, og hakk deretter. Ha chiliene og resten av ingrediensene til karripastaen i en foodprosessor eller morter, og bearbeid eller bank dem til en jevn pasta. Tilsett litt vann hvis den er for tykk.

b) Varm opp en wok på middels varme, tilsett oljen og bland til belegget. Tilsett hvitløk og 3 ss karripasta og stek under omrøring i 5 minutter. Tilsett fiskesaus, malte lys, fiskekraft, whisky, kaffirlimeblader, reker, gulrot, bondebønner og bambusskudd.

c) Kok opp, reduser deretter varmen og la det småkoke i 5 minutter, eller til rekene og grønnsakene er kokt. Topp med thaibasilikum og server.

21. Calamari med karri

Gir 4 porsjoner

ingredienser:

- 1 kg (2 lb 4 oz) blekksprut
- 1 ts spisskummen frø
- 1 ts korianderfrø
- 1 ts chilipulver
- 1 ts malt gurkemeie
- 2 ss smør
- 1 løk, finhakket
- 10 karriblader, pluss ekstra til pynt
- 1 ts bukkehornkløverfrø
- 4 fedd hvitløk, knust
- 7 cm ($2\frac{3}{4}$in) bit ingefær, revet
- 100 ml ($3\frac{1}{2}$ oz) kokoskrem
- 3 ss limejuice

Veibeskrivelse:

a) Trekk hodene og tentaklene til blekkspruten fra kroppen, sammen med alle innmaten, og kast. Skrell skinnet. Skyll kroppene godt, trekk av de gjennomsiktige fjærene, og kutt deretter kroppene i 2,5 cm (1 tomme) ringer.

b) Tørrsteik spisskummen og korianderfrøene i en panne på middels til høy varme i 2-3 minutter eller til dufter. La avkjøle. Bruk en morter eller en krydderkvern, knus eller mal til et pulver. Bland malt spisskummen og koriander med chilipulveret og malt gurkemeie. Tilsett blekkspruten og bland godt.

c) Varm opp oljen i en tykk panne og stek løken til den er brun. Tilsett karriblader, bukkehornkløver, hvitløk, ingefær og kokoskrem.

d) Kok sakte opp. Tilsett blekkspruten og bland godt. La det småkoke i 2-3 minutter eller til det er kokt og mørt.

Rør inn limesaft, smak til og server pyntet med karriblader.

22. Balinesisk sjømat karri

Gir 6 porsjoner

ingredienser:

- 1 ss korianderfrø
- 1 ts rekepasta
- tomater
- 5 røde chilipepper
- 5 fedd hvitløk, knust
- sitrongressstilker, kun hvit del, hakket
- 1 ss malte mandler
- $\frac{1}{4}$ ts malt muskatnøtt
- 1 ts malt gurkemeie
- 60 g (2$\frac{1}{4}$ oz/$\frac{1}{4}$ kopp) tamarindpuré
- 3 ss limejuice
- 250 g (9 oz) faste skinnfrie sikfileter, kuttet i 3 cm (1$\frac{1}{4}$in) terninger
- 3 ss smør

- rødløk, hakket

- rød chili, frø, hakket

- 400 g (14 oz), rå reker (reker), skrellet og avveget, haler intakte

- 250 g (9 oz) blekksprut, kuttet i 1 cm ($\frac{1}{2}$ tomme) ringer.

- 125 ml (4 oz/$\frac{1}{2}$ kopp) fiskekraft

- revet thaibasilikum, til servering

Veibeskrivelse:

a) Rist korianderfrøene og folieinnpakket rekepasta i en panne på middels høy varme i 2-3 minutter eller til dufter. La avkjøle. Knus eller mal korianderfrøene til et pulver med en morter eller en krydderkvern.

b) Skjær et kryss i bunnen av tomatene, legg i en varmefast bolle og dekk med kokende vann. La stå i 30 sekunder, overfør deretter til kaldt vann og skrell skinnet av lenden.

c) Skjær tomatene i to og skrap ut frøene. Kast frøene og grovhakk tomatkjøttet.

d) Ha de knuste korianderfrøene, rekepastaen og tomaten sammen med resten av ingrediensene til karripastaen i en foodprosessor eller morter og mal og mal til en jevn pasta.

e) Ha limesaften i en bolle og smak til med salt og nykvernet pepper. Tilsett fisken, bland godt og la marinere i 20 minutter.

f) Varm oljen i en kjele eller wok, tilsett løk, hakket rød chili og karripasta og stek under omrøring av og til på lav varme i 10 minutter eller til dufter. Tilsett fisken og rekene og bland for å belegge currypastablandingen.

g) Kok i 3 minutter eller til rekene blir rosa, tilsett deretter blekkspruten og stek i 1 minutt.

h) Tilsett kraften og kok opp, reduser deretter varmen og la det småkoke i 2 minutter eller til sjømaten er gjennomstekt og mør. Smak til med salt og nykvernet sort pepper.

i) Legg de strimlede basilikumbladene på toppen.

23. Goan fisk karri

Gir 6 porsjoner

ingredienser:

- 3 ss smør
- 1 stor løk, finhakket
- 4-5 hvitløksfedd, knust
- 2 ss revet ingefær
- 4-6 tørkede røde chilier
- 1 ss korianderfrø
- 2 ss spisskummen frø
- 1 ts malt gurkemeie
- $\frac{1}{4}$ ts chilipulver
- 30 g (1 oz/1/3 kopp) tørket kokosnøtt
- 270 ml (9$\frac{1}{2}$ oz) kokosmelk
- 2 tomater, skrelt og hakket
- 2 ss tamarindpuré
- 1 ss hvit eddik

- 6 karriblader

- 1 kg (2 lb 4 oz) faste sikfileter, uten skinn, kuttet i 8 cm (3¼ tomme) biter

Veibeskrivelse:

a) Varm oljen i en stor kjele. Tilsett løken og stek under omrøring på lav varme i 10 minutter eller til den er myk og lett gylden. Tilsett hvitløk og ingefær og stek videre i 2 minutter.

b) Rist tørket chili, korianderfrø, spisskummen, malt gurkemeie, chilipulver og tørket kokos i en panne på middels høy varme i 2-3 minutter eller til dufter. La avkjøle. Bruk en morter eller en krydderkvern, knus eller mal til et pulver.

c) Tilsett krydderblandingen, kokosmelk, tomater, tamarind, eddik og karriblader i løkblandingen.

d) Rør for å blande godt, tilsett 250 ml (9 oz/1 kopp) vann og la det småkoke, rør ofte, i 10 minutter eller til tomatene er myke og blandingen har tyknet litt.

e) Tilsett fisken og stek under lokk over svak varme i 10 minutter eller til den er gjennomstekt.

f) Rør forsiktig en eller to ganger under kokingen og tilsett litt vann hvis blandingen er for tykk.

24. Tamarind fiskekarri

Gir 4 porsjoner

ingredienser:

- 600 g (1 lb 5 oz) faste skinnfrie sikfileter
- 1 ts gurkemeie
- en klype safranpulver
- 3 fedd hvitløk, knust
- 2 ss sitronsaft
- 1 ts spisskummen frø
- 2 ss korianderfrø
- 1 ts hvite pepperkorn
- 4 kardemommestenger, revet
- 2½ ss finhakket ingefær
- 2 røde chili, finhakket
- 2 ss smør
- 1 løk, finhakket

- 1 rød paprika, kuttet i 2 cm (¾ tomme) firkanter

- 1 grønn pepper (svart pepper), kuttet i 2 cm (¾ tomme) firkanter

- 4 Roma (plomme) tomater, i terninger

- 2 ss tamarindpuré

- 185 g (6½ oz/¾ kopp) vanlig yoghurt

- 2 ss hakket koriander

Veibeskrivelse:

a) Skyll fiskefiletene og tørk dem. Stikk hull i filetene med en gaffel. Bland gurkemeie, safran, hvitløk, sitronsaft og 1 ts salt, og gni deretter fiskefiletene. Avkjøl i 2-3 timer.

b) Tørrsteik spisskummen, korianderfrø, pepperkorn og kardemomme i en panne på middels høy varme i 2-3 minutter eller til dufter. La avkjøle.

c) Bruk en morter eller en krydderkvern, knus eller mal til et pulver og bland med ingefær og chili.

d) Varm oljen i en kjele på middels varme og tilsett hakket løk, rød og grønn chili og den malte krydderblandingen.

e) Kok forsiktig i 10 minutter eller til dufter og løken er gjennomsiktig. Øk varmen til høy, tilsett tomatene i terninger, 250 ml (9 oz/1 kopp) vann og tamarindpuréen. Kok opp, reduser deretter til en koking og kok i 20 minutter.

f) Skyll pastaen fra fisken og skjær i 3 cm ($1\frac{1}{4}$in) biter. Tilsett i pannen og fortsett å småkoke i 10 minutter.

g) Rør inn yoghurt og hakket koriander og server.

25. Syrlige reker og gresskarkarri

Gir 4 porsjoner

ingredienser:

- 250 g (9 oz) gresskar
- 1 libanesisk (kort) agurk
- 400 ml (14 oz/12/3 kopper) kokoskrem
- 1½ ss tilberedt rød karripasta
- 3 ss fiskesaus
- 2 ss revet palmesukker
- 400 g (14 oz) hermetisk sopp, drenert
- 500 g (1 lb 2oz) rå reker (reker), skrellet, avveget, haler intakte
- 2 ss tamarindpuré
- 2 røde chili, hakket
- 1 ss limejuice
- 4 kaffir limeblader
- 4 korianderrøtter, hakket

- 1 liten håndfull bønnespirer til servering
- 1 liten håndfull korianderblader til servering

Veibeskrivelse:

a) Skrell gresskaret og skjær det i 2 cm ($\frac{3}{4}$ tomme) terninger. Skrell og del agurken i to på langs, og skjær deretter ut frøene med en teskje og skjær dem i tynne skiver.

b) Ha den tykke kokoskremen fra toppen av kjelen i en kjele, la det småkoke på middels varme, rør av og til, og kok i 5-10 minutter eller til blandingen 'deler seg' (smøret begynner å skille seg). Tilsett pastaen og rør i 2-3 minutter eller til dufter.

c) Tilsett fiskesausen og palmesukkeret og rør til det er oppløst.

d) Tilsett resterende kokoskrem, gresskar og 3 ss vann, dekk til og kok opp. La det småkoke og kok i 10 minutter eller til squashen begynner å bli myk.

e) Tilsett halmsopp, reker, agurk, tamarind, chili, limejuice, kaffirlimeblader og korianderrøtter.

f) Dekk til, øk varmen og kok opp igjen før du reduserer til en koking og koker i 3-5 minutter eller til rekene er gjennomstekt.

g) Pynt med bønnespirer og korianderblader.

26. Fiskekoftas i karrisaus

Gir 6 porsjoner

ingredienser:

Klønete

- 750 g (1 lb 10 oz) faste hvite fiskefileter, grovt skinn,
- 1 løk, finhakket
- 2-3 fedd hvitløk, knust
- 1 ss revet ingefær
- 4 ss hakket koriander
- 1 ts garam masala
- teskje chilipulver
- 1 egg, lett sammenpisket olje, til grunn steking

Tomat karri saus

- 2 ss smør
- 1 stor løk, finhakket

- 3-4 fedd hvitløk, knust
- 1 ss revet ingefær
- 1 ts malt gurkemeie
- 1 ts malt spisskummen
- 1 ts malt koriander
- 1 ts garam masala
- ¼ ts chilipulver
- 800 g (1 lb 12 oz) hermetiske knuste tomater
- 3 ss hakket koriander

Veibeskrivelse:

a) Legg fisken i en foodprosessor eller morter og stamper og bearbeid eller bank til en jevn pasta. Tilsett løk, hvitløk, ingefær, korianderblader, garam masala, chilipulver og egg og bearbeid eller pisk til det er godt blandet.

b) Form 1 ss av blandingen til en ball med våte hender. Gjenta med gjenværende blanding.

c) For å lage tomatkarrisausen, varm opp oljen i en stor kjele, tilsett løk, hvitløk og ingefær og stek under ofte omrøring over middels varme i 8 minutter eller til den er lett gylden.

d) Tilsett krydder og kok under omrøring i 2 minutter eller til dufter. Tilsett tomaten og 250 ml (9 oz/1 kopp) vann, reduser deretter varmen og la det småkoke, rør ofte, i 15 minutter eller til det er redusert og tyknet.

e) I mellomtiden, varm oljen i en stor stekepanne til en dybde på 2 cm ($\frac{3}{4}$in). Tilsett fiskekakene i 3 eller 4 omganger og stek i 3 minutter eller til de er brune over det hele. Tørk av på et papirhåndkle.

f) Tilsett koftaene i sausen og la det småkoke i 5 minutter eller til de er gjennomvarme.

g) Vend forsiktig inn korianderen, smak til med salt og server, pyntet med korianderkvister.

27. Grønn karri med fiskeboller

Gir 4 porsjoner

ingredienser:

- 350 g (12 oz), faste skinnfri sikfileter, grovhakket

- 3 ss kokoskrem

- 2 ss ferdig grønn karripasta

- 440 ml (15¼ oz/1¾ kopper) kokosmelk

- 175 g (6 oz) thailandske epleauberginer (auberginer), delt i kvarte

- 175 g (6 oz) erteauberginer (auberginer)

- 2 ss fiskesaus

- 2 ss revet palmesukker

- 50 g (1¾ oz) finhakket galangal

- 3 kaffir limeblader, revet i to

- 1 håndfull hellig basilikum til servering

- ½ lang rød chili, med frø, finhakket, til servering

Veibeskrivelse:

a) Legg fiskefiletene i en foodprosessor eller morter og stamper og bearbeid eller bank dem til en jevn masse.

b) Hell den tykke kokoskremen fra toppen av kjelen i en kjele, kok opp på middels varme, rør av og til, og kok i 5-10 minutter eller til blandingen 'deler seg' (smøret begynner å skille seg).

c) Tilsett karripasta og kok i 5 minutter eller til dufter. Tilsett den resterende kokosmelken og bland godt.

d) Bruk en skje eller de våte hendene til å forme fiskepastaen til små kuler på omtrent 2 cm ($\frac{3}{4}$ tomme) i diameter og slipp dem i kokosmelken.

e) Tilsett auberginene, fiskesausen og sukkeret og stek i 12-15 minutter, rør av og til, eller til fisken og auberginene er gjennomstekt.

f) Rør inn galangalbladene og kaffirlime. Smak til, og juster deretter krydder om nødvendig.

g) Hell i en serveringsbolle og strø over ekstra kokosmelk, basilikumblader og hakket rød pepper.

28. Reker med thaibasilikum

Gir 4 porsjoner

ingredienser:

- 2 tørkede lange røde chilier
- 2 sitrongressstilker, kun hvit del, finhakket
- 2,5 cm (1in) stykke galangal, finhakket
- 5 fedd hvitløk, knust
- 4 røde asiatiske sjalottløk, finhakket
- 6 korianderrøtter, finhakket
- 1 ts rekepasta
- 1 ts malt spisskummen
- 3 ss hakkede usaltede peanøtter
- 600 g (1 lb 5 oz) rå reker (reker), skrellet, avveget, haler intakte
- 2 ss smør
- 185 ml (6 oz/¾ kopp) kokosmelk

- 2 ss fiskesaus
- 2 ss revet palmesukker (jaggery)
- 1 håndfull thailandske basilikumblader til servering

Veibeskrivelse:

a) Bløtlegg chiliene i kokende vann i 5 minutter eller til de er møre. Fjern frø og stilker og hakk.

b) Ha chiliene og resten av ingrediensene til karripastaen i en foodprosessor eller morter, og bearbeid eller bank dem til en jevn pasta.

c) Skjær hver reke langs ryggen slik at den åpner seg som en sommerfugl (la hver reke være sammenføyd ved bunnen og halen).

d) Varm oljen i en panne eller wok og stek 2 ss karripasta på middels varme i 2 minutter eller til dufter.

e) Tilsett kokosmelk, fiskesaus og palmesukker og kok i noen sekunder. Tilsett rekene og stek i noen minutter eller til de er gjennomstekt. Smak til, og juster deretter krydder om nødvendig.

f) Server garnert med thaibasilikum.

29. Kremet reke karri

Gir 4 porsjoner

ingredienser:

- 500 g (1 lb 2 oz) tigerreker, skrellet, avveget, haler intakte
- 1½ ss sitronsaft
- 3 ss smør
- 1 løk, finhakket
- 1 ts malt gurkemeie
- 1 kanelstang
- 4 nellik
- 7 kardemommestenger, revet
- 5 indiske laurbærblader (kassia).
- 2 cm (¾ tomme) bit ingefær, revet
- 3 fedd hvitløk, knust
- 1 ts chilipulver
- 170 ml (5½ oz/2/3 kopp) kokosmelk

Veibeskrivelse:

a) Ha rekene i en bolle, tilsett sitronsaft, bland dem og la dem stå i 5 minutter. Skyll rekene under kaldt rennende vann og tørk med et papirhåndkle.

b) Varm oljen i en tykk panne og stek løken til den er brun. Tilsett gurkemeie, kanel, nellik, kardemomme, laurbærblad, ingefær og hvitløk og stek i 1 minutt.

c) Tilsett chilipulver, kokosmelk og salt etter smak og kok sakte opp. Reduser varmen og la det småkoke i 2 minutter.

d) Tilsett rekene, sett tilbake til varmen, reduser deretter varmen og la det småkoke i 5 minutter, eller til rekene er gjennomstekt og sausen har tyknet.

FJERFE KARRI

30. Søt og sur kylling karri

Gir 4 porsjoner

ingredienser:

- 1 lb skinnfritt, benfritt kyllingbryst, kuttet i 1" terninger
- 1 x 14 og 1/2-oz. boks med hakkede stuede tomater
- 1 x 1" grønn pepper i terninger, stor
- 1 stor løk, hakket
- 1 og 1/2 ts karripulver
- 1/2 kopp Lutenica, mango
- 2 ss maisstivelse
- 1/4 kopp vann, kaldt

Veibeskrivelse:

a) Kombiner kylling med tomater, løk, grønn pepper, karripulver og mangochutney i en langsom komfyr. Dekke til.

b) Stek på høy i 3 til 4 timer, til kyllingen ikke lenger er rosa.

c) Kombiner vann og maisstivelse til jevn og rør blandingen inn i saktekokeren. Dekke til. Kok på høy til den tykner, ca 1/2 time. Tjene.

31. Karri nudelsuppe

Gir 6 porsjoner

ingredienser:

- 2 ss olje, vegetabilsk
- 3 ss sjalottløk, hakket
- 3 hakkede hvitløksfedd
- 2 ss sitrongress, finhakket – kast de ytterste bladene
- 2 ss fersk ingefær, skrelt, hakket
- 2 ss karripasta, gul
- 2 ss karripulver
- 1 ts chilipasta, varm
- 2 x 13 og 1/2 – 14 oz. bokser med kokosmelk, usøtet
- 5 kopper lavnatrium kyllingbuljong
- 2 og 1/2 ss fiskesaus
- 2 ss granulert sukker

- 3 kopper hakkede snøerter

- 2 kopper søtpoteter, 1/2" skrellet, i terninger

- 1 lb. tørkede nudler, vermicelli

- 3/4 pund tynne skiver kyllinglår, benfri, uten skinn

- 1/2 kopp rødløk, finhakket

- 1/4 kopp grønn løk, finhakket

- 1/4 kopp hakket koriander, fersk

- 2 røde chilipepper, jalapeño

- 1 skive lime

Veibeskrivelse:

a) Varm oljen i en stor, tung kjele over middels varme. Tilsett de neste fire ingrediensene og bland i omtrent ett minutt til dufter.

b) Reduser varmen til middels lav. Rør inn chilipasta, karripasta og karripulver. Tilsett 1/2 kopp kokosmelk.

c) Rør i noen minutter til dufter og tykner. Tilsett resten av kokosmelken, sammen med fiskesaus, kraft og sukker. Kok så opp buljongen og hold den varm.

d) Kok snøertene i en gryte med saltet vann i 1/2 minutt til de er lyse grønne. Bruk silen til å fjerne ertene fra kjelen. Avkjøl ved å skylle under vann fra springen. Legg ertene i en middels bolle. Kok opp igjen en kjele med vann. Tilsett søtpoteten. Kok i syv minutter til de er møre.

e) Bruk en sil for å fjerne søtpotetene fra kjelen. Avkjøl ved å skylle under vann fra springen. Legg i en liten bolle. Kok opp den samme kjelen med vann igjen. Kok nudlene i 5-6 minutter til de er faste, men møre. Tøm og skyll i kaldt vann til det er avkjølt. Overfør nudlene til en bolle som tåler mikrobølgeovn.

f) Kok opp buljongen. Tilsett kyllingen. La småkoke i 10-12 minutter til kyllingen er gjennomstekt. Tilsett søtpotetene. Rør i omtrent et minutt, oppvarming. Varm opp nudlene i mikrobølgeovnen i 30 sekunders intervaller for å varme opp igjen.

g) Del nudlene i individuelle boller. Hell den varme suppen og ertene i boller. Strø suppe med chili, koriander, grønn løk og rødløk. Tjene.

32. Karri i karibisk stil

Gir 8 porsjoner

ingredienser:

- 1 ss karripulver
- 1 ts svart pepper, malt
- 1 ts hvitløkspulver
- 8 skinn- og benfrie kyllinglår
- 1 middels løk, i tynne skiver
- 1 og 1/2 kopper Mojo Creole Marinade
- 2 ss olje, raps
- 2 ss av mel, all-purpose

Veibeskrivelse:

a) Kombiner karripulver med hvitløkspulver og kvernet pepper. Dryss blandingen over kyllingen og trykk ned, slik at den fester seg til kyllingen.

b) Legg kyllingen i saktekokeren. Dryss over løken. Hell marinaden forsiktig i saktekokeren, unngå kyllingen slik at belegget forblir intakt.

c) Dekk til saktekokeren. Kok på lavt i 4 til 6 timer. Ta ut kyllingen og hold den varm.

d) Hell saften fra saktekokeren i et målebeger og skum av fettet. Varm olje i en stor stekepanne over middels varme. Visp inn melet til det er glatt. Pisk inn kokesaften gradvis.

e) Gi blandingen et oppkok. Rør hele tiden mens du koker i 1 til 2 minutter, til blandingen tykner. Reduser varmenivået.

f) Tilsett kyllingen. La det småkoke i 5-7 minutter. Tjene.

33. Kylling karrisuppe

Gir 8 porsjoner

ingredienser:

- 1 ss smør, usaltet
- 2 mellomstore løk, hakket
- 2 ss karripulver
- 2 hakkede selleriribbe
- En klype cayennepepper
- 1/4 ts salt, kosher
- 1/4 ts svart pepper, malt
- 5 kopper mais, frossen
- 3 x 14 og 1/2-oz. bokser med lavnatrium kyllingbuljong
- 1/2 kopp mel, all-purpose
- 1/2 kopp melk, 2 %
- 3 kopper kyllingbryst, i terninger og kokt
- 1/3 kopp hakket koriander, fersk

Veibeskrivelse:

a) Varm opp smøret på middels varme i en stor kjele. Tilsett selleri og løk. Rør mens de koker til de er myke. Rør inn krydderne og stek i ytterligere 1/2 minutt.

b) Rør inn kraft og mais og kok opp. Reduser varmen og dekk til kjelen. La det småkoke i 15-20 minutter.

c) Pisk melken og melet i en liten bolle til det er glatt og rør inn i suppen. Kok opp igjen. Rør mens du koker til det tykner, ca. to minutter. Rør inn koriander og kylling og varm gjennom. Tjene.

34. Slow Cooker Curry Chicken

Gir 6 porsjoner

ingredienser:

- 6 skinn- og benfrie kyllingbrysthalver
- 1 og 1/4 ts salt, kosher
- 1 x 14-oz. boks kokosmelk, lett
- 1/2 ts gurkemeie, malt
- 1/2 ts kajennepepper
- 1 ts karripulver
- 3 hakkede grønne løk
- 2 ss vann, kaldt
- 2 ss maisstivelse
- 1-2 ss limejuice
- 3 kopper kokt varm ris

Veibeskrivelse:

a) Dryss kyllingen med salt. Dekk en stor nonstick-gryte med matlagingsspray. Stek deretter kyllingen på hver side og legg i en stor saktekoker.

b) I en middels bolle kombinerer du kokosmelk, gurkemeie, cayenne og karripulver. Hell blandingen over kyllingen. Dryss over 1/2 løk. Dekke til. Kok i sakte komfyr til kyllingen er mør, 4 til 5 timer.

c) Kombiner kaldt vann og maisstivelse til jevn og rør inn i saktekokeren. Sett dekselet på igjen. Kok på høy til sausen tykner, omtrent en halv time. Rør inn limejuice. Server kyllingen med varm ris.

d) Hell over sausen og strø den resterende løken på toppen.

35. Thai stil karri kylling

Gir 4 porsjoner

ingredienser:

- 1 pund beinfri, skinnfri 1/2" kyllingbryst i terninger
- 1/2 ts salt, kosher
- 1/4 ts svart pepper, malt
- 1 ss olje, olivenolje
- 6 tynne skiver grønne løk
- 1 finhakket hvitløksfedd
- 2 ss maisstivelse
- 1 og 1/2 kopper buljong, kylling
- 3/4 kopp kokosmelk, lett
- 1 ss limejuice, fersk
- 1 ts karripasta, rød
- 1 ts redusert natrium soyasaus
- 2 kopper brun ris, kokt

- 1/4 kopp strimlet kokosnøtt, usøtet

Veibeskrivelse:

a) Kast kyllingen med kosher salt og malt pepper. I en stor stekepanne, varm oljen over middels høy. Tilsett kyllingen. Rør mens du koker i 2 til 3 minutter, til utsiden ikke lenger er rosa. Tilsett hvitløk og grønn løk. Kok i et minutt til.

b) I en liten bolle, visp sammen buljong og maisenna til det er jevn og rør inn i blandingen i en middels stekepanne. Tilsett kokosmelk, karripasta, soyasaus og limejuice. Kok opp. Reduser varmen.

c) La kjelen stå uten lokk og la det småkoke i 5 til 6 minutter, til sausen tykner litt. Legg på risen og strø over kokos. Tjene.

36. Kokos kylling karri

Gir 6 porsjoner

ingredienser:

- 2 x 14-oz. bokser med kokosmelk, lett
- 1/3 - 1/2 kopp karripasta, rød
- 1 x 8,80 oz. pakke ris spaghetti, tynn
- 2 x 14 og 1/2-oz. bokser med lavnatrium kyllingbuljong
- 1/4 kopp brunt sukker, pakket
- 3/4 ts hvitløkssalt
- 2 ss soyasaus eller fiskesaus
- 3 kopper grillede kyllingbiter
- 1 og 1/2 kopper hakket kål
- 1 og 1/2 kopper hakkede gulrøtter
- 3/4 kopp bønnespirer
- Korianderblader, friske
- Basilikum, fersk

Veibeskrivelse:

a) Kok opp kokosmelken i en stor kjele. La være utildekket. Kok til væsken er redusert til tre kopper, 10 til 12 minutter. Tilsett og rør karripastaen til den er helt oppløst.

b) Tilbered nudlene etter instruksjonene på pakken.

c) Tilsett kraft, fiskesaus, hvitløkssalt og brunt sukker i karriblandingen og kok opp igjen. Senk deretter varmen. La det stå utildekket og rør av og til til det koker, 10-12 minutter. Rør inn kyllingen og varm gjennom.

d) Tøm nudlene og del dem i seks separate boller. Hell suppen over nudler og topp med grønnsaker, koriander og basilikum. Tjene.

37. Ananas karri

Gir 6 porsjoner

ingredienser:

- 2 x 8 oz. bokser med udrenerte, usøtede ananasbiter

- 6 skinnfrie halvdeler av kyllingbryst med ben

- 1 x 15 oz. boks med skyllede, drenerte kikerter eller garbanzobønner

- 1 x 1" løk i terninger, stor

- 1 kopp gulrøtter, finhakket

- 1 middels søt rød paprika, i skiver

- 1/2 kopp kokosmelk, lett

- 2 ss maisstivelse

- 2 ss granulert sukker

- 2 hakkede hvitløksfedd

- 2 ss malt ingefærrot, fersk

- 3 ss karripulver

- 1 ts salt, kosher

- 1 ts sort pepper

- 1 ts limejuice, gjerne fersk

- 1/2 ts knuste røde pepperflak

- Til servering: kokt, varm ris

- 1/3 kopp hakket fersk basilikum

- Valgfritt: ristet, strimlet, søtet kokosnøtt

Veibeskrivelse:

a) Tøm ananasen. Reserver 3/4 kopp av juicen. Legg kylling, kikerter, grønnsaker og ananas i en stor saktekoker.

b) I en liten bolle blander du kokosmelken med maisenna til den er jevn. Rør inn sukker, hvitløk, karripulver, ingefær, kosher salt, sort pepper, rød pepperflak, limejuice og reservert ananasjuice. Hell blandingen over kyllingen.

c) Dekk til saktekokeren. Stek på lavt nivå i 6 til 8 timer, til kyllingen er mør. Server sammen eller over ris. Dryss over basilikum, deretter kokos om ønskelig.

38. Karri i indisk stil

Gir 6 porsjoner

ingredienser:

- 2 pund beinfrie, skinnfrie kyllingbrysthalvdeler
- 2 ts salt, kosher
- 1/2 kopp olje, vegetabilsk
- 1 og 1/2 kopper løk, hakket
- 1 ss hvitløk, finhakket
- 1 ss karripulver
- 1 & 1/2 ts malt ingefærrot, fersk
- 1 ts spisskummen, malt
- 1 ts gurkemeie, malt
- 1 ts koriander, malt
- 1 ts sort pepper, cayennepepper
- 1 ss filtrert vann
- 1 x 15 oz. boks tomater, knust

- 1 kopp yoghurt, vanlig
- 1 ss hakket koriander, fersk
- 1 ts salt, kosher
- 1/2 kopp filtrert vann
- 1 ts garam masala krydderblanding
- 1 ss hakket koriander, fersk
- 1 ss sitronsaft, fersk

Veibeskrivelse:

a) Dryss kyllingen med 2 ts salt.

b) Varm olje i en stor stekepanne over høy. Stek kyllingen i porsjoner i varm olje til den er helt brun.

c) Overfør den bakte kyllingen til en tallerken. Legg den til side.

d) Reduser varmen i pannen til middels høy. Tilsett hvitløk, ingefær og løk til oljen som er igjen i pannen. Stek i 8-10 minutter til løken er gjennomsiktig. Rør 1 ss vann pluss spisskummen, karripulver, cayenne, koriander og gurkemeie i løkblandingen. Rør mens den varmes opp i omtrent et minutt.

e) Bland 1 ss hakket koriander med 1 ts salt, tomater og yoghurt i løkblandingen. Ha kyllingbrystene tilbake i pannen med eventuell saft fra fatet.

f) Tilsett 1/2 kopp vann til blandingen og kok opp mens du snur kyllingen og belegg den med saus. Dryss 1 ss koriander og garam masala over kyllingen.

g) Dekk pannen. La det småkoke i 20 til 25 minutter, til kyllingen ikke lenger er rosa og juicen blir klar. Innvendig temperatur bør være 165F eller høyere. Dryss over sitronsaft og server.

39. Krydret kalkunkarri

Gir 4 porsjoner

ingredienser:

- 1/2 kopp gulrøtter, i skiver
- 1 kopp selleri, hakket
- 1 kopp melk, fettfri
- 2 ss maisstivelse
- 3/4 kopp lavnatrium kyllingbuljong
- 2 kopper kokt kylling eller kalkun i terninger
- 2 ss tørket løk, finhakket
- 1/2 ts hvitløkspulver
- 1/4 ts karripulver
- Valgfritt: varm ris, kokt

Veibeskrivelse:

a) Dekk pannen lett med nonstick-spray. Surr gulrøtter og selleri til de er myke.

b) Bland 1/4 kopp melk og maisstivelse i en middels bolle. Tilsett den resterende melken og kraften. Bland til du får en jevn tekstur.

c) Hell blandingen over grønnsakene. Kok opp og rør under koking til det tykner, 2-3 minutter. Tilsett kalkun eller kylling, hvitløk og karripulver og løk. Rør av og til til de er gjennomvarme.

d) Server med ris om ønskelig.

40. Andekarri med ananas

Gir 4-6 porsjoner

ingredienser:

- 15 tørkede lange røde chilier
- 1 ss hvite pepperkorn
- 2 ss korianderfrø
- 1 ts spisskummen frø
- 2 ss rekepasta
- 5 røde asiatiske sjalottløk, hakket
- 10 fedd hvitløk, finhakket
- 2 sitrongressstilker, kun hvit del, finhakket
- 1 ss hakket galangal
- 2 ss hakket korianderrot
- 1 ts finrevet kaffir limeskall
- 1 ss peanøttsmør

- 8 grønne løk, kuttet diagonalt i 3 cm (1¼in) lengder

- 2 fedd hvitløk, knust

- 1 kinesisk andestek, kuttet i store biter

- 400 ml (14 oz) kokosmelk

- 450 g (1 lb) hermetiske ananasbiter i sirup, drenert

- 3 kaffir limeblader

- 3 ss hakkede korianderblader

- 2 ss hakket mynte

Veibeskrivelse:

a) Bløtlegg chiliene i kokende vann i 5 minutter eller til de er møre. Fjern stilken og frøene, og hakk deretter.

b) Rist pepperkorn, korianderfrø, spisskummen og rekepasta i folie i en stekepanne på middels høy varme i 2-3 minutter eller til dufter. La avkjøle.

c) Knus eller mal pepperkorn, koriander og spisskummen til et pulver.

d) Ha hakket chili, rekepasta og malte krydder sammen med resten av ingrediensene til karripastaen i en foodprosessor eller morter og stamper og bearbeid eller slå til en jevn pasta.

e) Varm opp en wok til den er veldig varm, tilsett oljen og snurr rundt for å dekke sidene. Tilsett løk, hvitløk og 2-4 ss rød karripasta og stek i 1 minutt eller til dufter.

f) Tilsett andestekte biter, kokosmelk, avrente ananasbiter, kaffirlimeblader og halvparten av koriander og mynte. Kok opp, reduser deretter varmen og la det småkoke i 10 minutter eller til anda er gjennomvarme og sausen har tyknet litt.

g) Rør inn resterende koriander og mynte og server.

41. Rik kyllingkoftas

Gir 4 porsjoner

ingredienser:

- 2 ss smør
- 1 løk, finhakket
- 1 fedd hvitløk, knust
- 1 ts finhakket ingefær
- 1 ts malt spisskummen
- 1 ts garam masala
- ½ ts malt gurkemeie
- 650 g (1 lb 7 oz) kyllinglårfileter, i skiver
- 2 ss hakkede korianderblader
- 1 ss ghee eller olje
- 1 løk, finhakket
- 2 fedd hvitløk, knust
- 2 ss garam masala
- ½ ts malt gurkemeie

- 170 ml (5½ oz/2/3 kopp) kokosmelk
- 90 g (3¼ oz/1/3 kopp) vanlig yoghurt
- 125 ml (4 oz/½ kopp) tung krem (til pisking).
- 35 g (1¼ oz/1/3 kopp) malte mandler
- 2 ss hakkede korianderblader

Veibeskrivelse:

a) For å lage koftaen, varm halvparten av oljen i en panne. Tilsett løk, hvitløk, ingefær, malt spisskummen, garam masala og malt gurkemeie og kok under omrøring i 4-6 minutter, eller til løken mykner og krydderne begynner å aromatisere. La avkjøle.

b) Legg kyllingfiletene i porsjoner i en foodprosessor og bearbeid til de er strimlet.

c) Legg kyllingen, løkblandingen, koriander og ½ ts salt i en bolle og bland godt. Mål opp 1 ss av blandingen med våte hender og form til en ball.

d) Gjenta med gjenværende blanding. Varm opp den resterende oljen i en tykk panne, tilsett koftaene i porsjoner og stek i 4-5 minutter eller til de er godt brune. Fjern fra pannen og dekk. Ha løken i en foodprosessor og bearbeid til den er jevn.

e) Varm opp ghee eller olje i en panne. Tilsett løk og hvitløk og stek under omrøring i 5 minutter til blandingen begynner å tykne.

f) Tilsett garam masala og gurkemeie og stek i 2 minutter. Tilsett kokosmelk, yoghurt, fløte og malte mandler.

g) Kok opp nesten, reduser deretter varmen til middels og tilsett kofta. Kok, rør av og til, i 15 minutter eller til koftaene er kokte. Rør inn koriander og server.

42. Smør kylling

Gir 4 porsjoner

ingredienser:

- 2 ss peanøttsmør
- 1 kg (2 lb 4 oz) delte kyllinglår
- 100 g (3½ oz) smør eller ghee
- 3 ss garam masala
- 2 ss søt rød pepper
- 1 ss malt koriander
- 1 ss finhakket ingefær
- 3 ss malt spisskummen
- 2 fedd hvitløk, knust
- 1 ts chilipulver
- 1 kanelstang
- 5 kardemommestenger, revet
- 2½ ss tomatpuré (konsentrert puré)
- 1 spiseskje sukker

- 90 g (3¼ oz/1/3 kopp) vanlig yoghurt
- 185 ml (6 oz/¾ kopp) krem (pisking)
- 1 spiseskje sitronsaft

Veibeskrivelse:

a) Varm opp en panne eller wok til den er veldig varm, tilsett 1 ss olje og bland til belegget. Tilsett halvparten av kyllinglårfiletene og stek i 4 minutter eller til de er brune.

b) Fjern fra pannen. Tilsett mer olje om nødvendig og stek resten av kyllingen, og fjern deretter.

c) Senk varmen, tilsett smøret i pannen eller woken og smelt det. Tilsett garam masala, søt paprika, koriander, ingefær, spisskummen, hvitløk, chilipulver, kanelstang og kardemommebelger og stek i 1 minutt eller til dufter. Ha kyllingen tilbake i pannen og bland med krydderne for å dekke seg godt.

d) Tilsett tomatpuré og sukker og la det småkoke under omrøring i 15 minutter eller til kyllingen er mør og sausen har tyknet.

e) Tilsett yoghurt, fløte og sitronsaft og la det småkoke i 5 minutter eller til sausen tykner litt.

43. Karri med kylling og epleaubergine

Gir 4 porsjoner

ingredienser:

- 1 ts hvite pepperkorn
- 2 ss tørkede reker
- 1 ts rekepasta
- 2 ss hakket korianderrot
- 3 sitrongressstilker, kun hvit del, i tynne skiver
- 3 fedd hvitløk
- 1 ss finhakket ingefær
- 1 rød chilipepper, hakket
- 4 kaffir limeblader
- 3 ss fiskesaus
- 3 ss limejuice
- 1 ts malt gurkemeie
- 500 g (1 lb 2 oz) kyllinglårfilet

- 250 g (9 oz) thailandsk epleaubergine (aubergine)

- 400 ml (14 oz) kokoskrem (ikke rist formen)

- 2 ss revet palmesukker (jaggery)

- 1 rød paprika (pepper), hakket

- 230 g (8½ oz) hermetiske vannkastanjer, hakket, drenert

- 1 ss hakkede korianderblader

- 1 ss hakket thaibasilikum

Veibeskrivelse:

a) Stek pepperkorn, tørkede reker og rekepasta pakket inn i folie i en panne på middels høy varme i 2-3 minutter eller til dufter.

b) La avkjøle. Bruk en morter eller en krydderkvern, knus eller mal pepperkornene til et pulver. Bearbeid de tørkede rekene i en foodprosessor til de er veldig finhakket - og danner en "streng".

c) Ha de knuste pepperkornene, revet tørkede rekene og rekepastaen med resten av ingrediensene til karripastaen i en foodprosessor eller morter og mal og mal til en jevn pasta.

d) Skjær kyllinglårfiletene i 2,5 cm (1 tomme) terninger. Skjær auberginen i like store biter.

e) Hell den tykke kokoskremen fra toppen av kjelen i en kjele, kok opp på middels varme, rør av og til, og kok i 5-10 minutter eller til blandingen 'deler seg' (smøret begynner å skille seg).

f) Tilsett karripasta og rør i 5-6 minutter eller til dufter. Tilsett palmesukkeret og rør til det er oppløst.

g) Tilsett kylling, aubergine, paprika, halvparten av den resterende kokoskremen og vannkastanjene. Kok opp, dekk til og la det småkoke og la det koke i 15 minutter eller til kyllingen er gjennomstekt og auberginen er mør.

h) Rør inn resterende kokoskrem, koriander og basilikum.

44. Burmesisk kyllingkarri

Gir 6 porsjoner

ingredienser:

- 1 ss middels krydret indisk karripulver
- 1 ts garam masala
- 1 ts chilipepper
- 2 ss søt rød pepper
- 1,6 kg (3 lb 8 oz) hel kylling kuttet i 8 stykker eller 1,6 kg (3 lb 8 oz) blandede kyllingbiter
- 2 løk, hakket
- 3 fedd hvitløk, knust
- 2 ss revet ingefær
- 2 tomater, hakket
- 2 ss tomatpuré
- 1 stilk sitrongress, kun hvit del, i tynne skiver
- 3 ss smør

- 500 ml (17 oz/2 kopper) kyllingkraft
- 1 teskje sukker
- 1 ss fiskesaus

Veibeskrivelse:

a) Bland karripulver, garam masala, cayenne og rød pepper i en bolle.

b) Gni denne krydderblandingen over kyllingbitene og sett til side.

c) Plasser løk, hvitløk, ingefær, tomater, tomatpuré og sitrongress i en foodprosessor eller morter, og bearbeid eller slå til en jevn pasta.

d) I en stor, tungbasert panne (som vil holde kyllingbitene i et enkelt lag), varm oljen over middels varme, tilsett kyllingen og brun på alle sider, og fjern deretter fra pannen.

e) Tilsett løkpastaen i samme panne og stek på lav varme i 5-8 minutter under konstant omrøring. Legg kyllingen tilbake i pannen og vend for å dekke med pastaen.

f) Tilsett kyllingkraft og sukker og kok opp. Reduser varmen til lav, dekk til og stek i 1¼ time eller til kyllingen er veldig mør. Mens du koker, skum av all olje som kommer opp til overflaten og kast.

g) Bland med fiskesausen og server.

45. Malaysisk kyllingkarri

Gir 4 porsjoner

ingredienser:

- 3 ss tørkede reker

- 80 ml (2½ oz/1/3 kopp) smør

- 6-8 røde chilier, frøsett og finhakket

- 4 fedd hvitløk, knust

- 3 stilker sitrongress, kun hvit del, finhakket

- 2 ss malt gurkemeie

- 10 stearinlys

- 2 store løk, hakket

- 250 ml (9 oz/1 kopp) kokosmelk

- 1,5 kg (3 lb 5 oz) hel kylling, kuttet i 8 stykker

- 125 ml (4 oz/½ kopp) kokoskrem

- 2 ss limejuice

Veibeskrivelse:

a) Legg rekene i en panne og stek på lav varme, rist på pannen regelmessig, i 3 minutter eller til rekene blir mørk oransje og avgir en sterk aroma. La avkjøle.

b) Legg rekene, halvparten av oljen, chili, hvitløk, sitrongress, gurkemeie og nellik i en foodprosessor eller morter og stamper og bearbeid eller slå til en jevn pasta.

c) Varm opp den gjenværende oljen i en wok eller stekepanne, tilsett løken og ¼ ts salt og kok under jevnlig omrøring på lav-middels varme i 8 minutter eller til den er gylden.

d) Tilsett krydderpastaen og rør i 5 minutter. Hvis blandingen begynner å feste seg til bunnen av pannen, tilsett 2 ss kokosmelk. Det er viktig å tilberede blandingen grundig da det er slik smakene utvikler seg.

e) Tilsett kyllingen i woken eller pannen og stek under omrøring i 5 minutter eller til den begynner å bli brun.

f) Rør inn gjenværende kokosmelk og 250 ml (9 oz/1 kopp) vann og kok opp. Reduser varmen og la det småkoke i 50 minutter, eller til kyllingen er gjennomstekt og sausen har tyknet litt.

g) Tilsett kokoskremen og kok opp igjen, mens du rører hele tiden. Tilsett limesaften og server umiddelbart.

46. Malaysisk kyllingkarri

Gir 4 porsjoner

ingredienser:

- 1 ts rekepasta
- 2 rødløk, hakket
- 4 røde chili, uten frø
- 4 fedd hvitløk, knust
- 2 sitrongressstilker, kun hvit del, hakket
- 3 cm (1¼in) galangal i terninger, hakket
- 8 kaffir limeblader, grovhakket
- 1 ts malt gurkemeie
- 2 ss smør
- 750 g (1 lb 10 oz) kyllinglårfileter, kuttet i passe store biter
- 400 ml (14 oz) kokosmelk
- 3½ ss tamarindpuré
- 1 ss fiskesaus

- 3 kaffir limeblader, revet

Veibeskrivelse:

a) Stek den foliekledde rekepastaen i en panne på middels høy varme i 2-3 minutter eller til dufter. La avkjøle.

b) Plasser rekepastaen med de resterende ingrediensene i currypasta i en foodprosessor eller morter og stamper og bearbeid eller bank til en jevn pasta.

c) Varm opp en wok eller stor gryte over høy varme, tilsett smøret og snurr rundt for å dekke sidene. Tilsett karripasta og kok, rør av og til, på lav varme i 8-10 minutter eller til dufter. Tilsett kyllingen og stek med pastaen i 2-3 minutter.

d) Tilsett kokosmelk, tamarindpuré og fiskesaus i woken og la det småkoke under omrøring av og til i 15-20 minutter eller til kyllingen er mør.

e) Pynt med revet kaffirlimeblader og server.

47. And og kokos curry

Gir 6 porsjoner

ingredienser:

- 1½ ts korianderfrø
- 1 ts kardemommefrø
- 1 ts bukkehornkløverfrø
- 1 ts brune sennepsfrø
- 10 sorte pepperkorn
- 1 rødløk, hakket
- 2 fedd hvitløk, knust
- 4 røde chilier, frigjort, hakket
- 2 korianderrøtter, hakket
- 2 ss revet ingefær
- 2 ss garam masala
- 1 ts malt gurkemeie
- 2 ss tamarindpuré
- 6 andebrystfileter

- 1 rødløk, hakket
- 125 ml (4 oz/½ kopp) hvit eddik
- 500 ml (17 oz/2 kopper) kokosmelk
- 1 liten håndfull korianderblader

Veibeskrivelse:

a) Rist koriander, kardemomme, bukkehornkløver og sennepsfrø i en panne på middels høy varme i 2-3 minutter eller til dufter. La avkjøle.

b) Bruk en morter eller en krydderkvern for å knuse eller male krydderne med de sorte pepperkornene.

c) Ha de malte krydderne med resten av ingrediensene til karripastaen i en foodprosessor eller morter og lag en jevn pasta.

d) Trim overflødig fett fra andefileter, legg deretter skinnsiden ned i en stor kjele og stek på middels varme i 10 minutter eller til skinnet er brunet og gjenværende fett har gjengitt seg.

e) Snu filetene og stek i 5 minutter eller til de er møre. Fjern og la renne av på et papirhåndkle.

f) Reserver 1 ss andefett, kast gjenværende fett. Tilsett løken og stek i 5 minutter, tilsett deretter karripastaen og rør over svak varme i 10 minutter eller til dufter.

g) Ha anda tilbake i pannen og vend den til å dekke med pastaen. Rør sammen eddik, kokosmelk, 1 ts salt og 125 ml (4 oz/$\frac{1}{2}$ kopp) vann. La det småkoke under lokk i 45 minutter eller til filetene er møre.

h) Rør inn korianderbladene rett før servering.

48. Krydret kylling og mandler

Gir 6 porsjoner

ingredienser:

- 3 ss smør

- 30 g (1 oz/¼ kopp) skivede mandler

- 2 rødløk, finhakket

- 4-6 fedd hvitløk, knust

- 1 ss revet ingefær

- 4 kardemommestenger, revet

- 4 nellik

- 1 ts malt spisskummen

- 1 ts malt koriander

- 1 ts malt gurkemeie

- ½ ts chilipulver

- 1 kg (2 lb 4 oz) kyllinglårfileter, i skiver

- 2 store, skrellede, hakkede tomater

- 1 kanelstang

- 100 g (3½ oz/1 kopp) malte mandler

Veibeskrivelse:

a) Varm 1 ss olje i en stor kjele. Tilsett mandlene og kok på lav varme i 15 sekunder eller til de er lett gyldenbrune. Fjern og renn av på et vattpapir.

b) Varm opp den gjenværende oljen, tilsett løken og stek under omrøring i 8 minutter eller til den er gyldenbrun. Tilsett hvitløk og ingefær og stek under omrøring i 2 minutter, og rør deretter inn krydderne. Reduser varmen til lav og kok i 2 minutter eller til dufter.

c) Tilsett kyllingen og stek under konstant omrøring i 5 minutter eller til de er godt dekket med krydder og begynner å få farge.

d) Rør inn tomater, kanelstang, malte mandler og 250 ml (9 oz/1 kopp) varmt vann. La det småkoke under lokk i 1 time eller til kyllingen er gjennomstekt og mør.

Rør ofte og tilsett litt mer vann om nødvendig.

e) La pannen sitte dekket i 30 minutter for å la smakene utvikle seg, og fjern deretter kanelstangen. Strø de skivede mandlene på toppen og server.

49. Kylling i kokosmelk

Gir 6 porsjoner

ingredienser:

- 2 ss korianderfrø
- ½ ts spisskummen frø
- 2 ts hvite pepperkorn
- 1 ts rekepasta 30 g (1 oz) tørkede reker
- 2 sitrongressstilker, kun hvit del, hakket
- 2 rødløk, hakket
- 3 fedd hvitløk, knust
- 1 ss revet ingefær
- 2½ ss revet galangal
- ¼ ts malt muskatnøtt
- ¼ teskje malt nellik
- 560 ml (19¼ oz/2¼ kopper) kokosnøttkrem

- 1,5 kg (3 lb 5 oz) kylling, kuttet i 8-10 biter

- 800 ml (28 oz/3¼ kopper) kokosmelk

- 2 ss tamarindpuré

- 1 ss hvit eddik

- 1 kanelstang

Veibeskrivelse:

a) Tørrstek korianderfrøene, spisskummen, hvite pepperkornene og folieinnpakket rekepasta i en stekepanne på middels høy varme i 2-3 minutter eller til dufter. La avkjøle.

b) pepperkorn til pulver med en morter eller en krydderkvern. Bearbeid rekene i en foodprosessor til de er veldig finhakket.

c) Ha de knuste krydderne og rekene sammen med resten av ingrediensene til karripastaen i en foodprosessor eller morter og mal og mal til en jevn pasta.

d) Varm en stor gryte eller wok over middels varme, tilsett kokoskrem og karripasta og kok under omrøring i 20 minutter eller til den er tykk og fet.

e) Tilsett kyllingen og de resterende ingrediensene og la det småkoke i 50 minutter eller til kyllingen er mør. Smak til og server umiddelbart.

50. Grønn C kylling karri

Gir 4-6 porsjoner

ingredienser:

- 1 ts hvite pepperkorn
- 2 ss korianderfrø
- 1 ts spisskummen frø
- 2 ss rekepasta
- 1 ts havsalt
- 4 stilker sitrongress, kun hvit del, finhakket
- 2 ss hakket galangal
- 1 kaffir limeblad, finrevet
- 1 ss hakket korianderrot
- 5 røde asiatiske sjalottløk, hakket
- 10 fedd hvitløk, knust
- 16 lange grønne chilier, fjernet frø, hakket

- 500 ml (17 oz/2 kopper) kokoskrem
- 2 ss revet palmesukker (jaggery)
- 2 ss fiskesaus
- 4 kaffir limeblader, finrevet
- 1 kg (2 lb 4 oz) kyllinglår eller brystfileter, kuttet i tykke strimler
- 200 g (7 oz) bambusstilker, kuttet i tykke strimler
- 100 g (3½ oz) slangebønner (yard lange), kuttet i 5 cm (2 tommer) lengder
- 1 håndfull thaibasilikum

Veibeskrivelse:

a) Rist pepperkorn, korianderfrø, spisskummen og rekepasta i folie i en stekepanne på middels høy varme i 2-3 minutter eller til dufter.

b) La avkjøle. Knus eller mal pepperkorn, koriander og spisskummen til et pulver med en morter eller en krydderkvern.

c) Plasser rekepasta og malte krydder med resten av ingrediensene til karripasta i en foodprosessor eller morter og stamper og bearbeid eller bank til en jevn pasta.

d) Ha den tykke kokoskremen fra toppen av formene i en kjele, la det småkoke på middels varme, rør av og til, og kok i 5-10 minutter, eller til blandingen "deler seg" (smøret begynner å skille seg).

e) Tilsett 4 ss grønn karripasta, og la det småkoke i 15 minutter eller til dufter. Tilsett palmesukker, fiskesaus og kaffirlimeblader i pannen.

f) Rør inn den resterende kokoskremen og kyllingen, bambusskuddene og bønnene og la det småkoke i 15 minutter eller til kyllingen er mør. Rør inn thaibasilikum og server.

51. Kylling og tomat karri

Gir 8-10 porsjoner

ingredienser:

- 1 ss smør
- 2 x 1,5 kg (3 lb 5 oz) kyllinger, ledd
- 1 løk, hakket
- 1 ts malt nellik
- 1 ts malt gurkemeie
- 2 ss garam masala
- 3 ss chilipulver
- 3 kardemommebelger
- 3 fedd hvitløk, knust
- 1 ss revet ingefær
- 1 ss valmuefrø
- 2 ss fennikelfrø
- 250 ml (9 oz/1 kopp) kokosmelk
- 1 stjerneanis

- 1 kanelstang

- 4 store tomater, finhakket

- 2 ss limejuice

Veibeskrivelse:

a) Varm oljen i en stor stekepanne over middels varme, tilsett kyllingen i omganger og stek i 5-10 minutter eller til den er brun, og ha den over i en stor kjele.

b) Tilsett løken i pannen og stek under omrøring i 10-12 minutter eller til den er gylden. Rør inn malt nellik, gurkemeie, garam masala og chilipulver og kok under omrøring i 1 minutt, og legg deretter til kyllingen.

c) Knus kardemommebelgene lett med den flate siden av en tung kniv. Fjern frøene ved å kaste belgene.

d) Ha frøene og hvitløken, ingefæren, valmuefrøene, fennikelfrøene og 2 ss kokosmelk i en foodprosessor eller morter og stamper og bearbeid eller slå til en jevn pasta.

e) Tilsett krydderblandingen, gjenværende kokosmelk, stjerneanis, kanelstang, tomat og 3 ss vann til kyllingen.

f) La det småkoke under lokk i 45 minutter eller til kyllingen er mør. Ta ut kyllingen, dekk til og hold den varm. Kok opp kokevæsken og la det småkoke i 20-25 minutter eller til halvparten er redusert.

g) Legg kyllingen på et serveringsfat, bland limesaften med kokevæsken og hell over kyllingen.

52. Kylling masala

Gir 4 porsjoner

ingredienser:

- 1,5 kg (3 lb 5 oz) kyllinglårfileter eller kyllingbiter, uten skinn
- 2 ss malt spisskummen
- 2 ss malt koriander
- 1½ ts garam masala
- 1 ts malt gurkemeie
- 2 løk, finhakket
- 4 fedd hvitløk, finhakket
- 5 cm (2in) bit ingefær, grovhakket
- 2 modne tomater, hakket
- 3 ss ghee eller olje
- 5 nellik
- 8 kardemommestenger, revet
- 1 kanelstang

- 10 karriblader

- 160 g (5¾ oz/2/3 kopp) gresk yoghurt

Veibeskrivelse:

a) Fjern overflødig fett fra kyllingen. Bland spisskummen, koriander, garam masala og gurkemeie sammen og gni inn i kyllingen.

b) Legg halvparten av løken med hvitløk, ingefær og hakket tomat i en foodprosessor eller morter, og bearbeid eller slå til en jevn pasta.

c) Varm ghee eller olje i en kjele på lav varme, tilsett resterende løk, nellik, kardemomme, kanel og karriblader og stek til løken blir gyllenbrun.

d) Tilsett tomat- og løkpasta og rør i 5 minutter. Smak til med salt, etter smak.

e) Tilsett yoghurten og pisk til den er jevn, tilsett deretter den krydrede kyllingen. Overfør bitene og kok sakte opp.

f) Reduser varmen, dekk til og la det småkoke i 50 minutter eller til smøret skiller seg fra sausen. Rør ingrediensene av og til for å unngå at kyllingen setter seg fast.

53. BBQ andekarri med litchi

Gir 4 porsjoner

ingredienser:

- 1 ts hvite pepperkorn
- 1 ts rekepasta
- 3 lange røde chili, uten frø
- 1 rødløk, hakket
- 2 fedd hvitløk
- 2 sitrongressstilker, kun hvit del, i tynne skiver
- 5 cm (2 tommer) bit ingefær
- 3 korianderrøtter
- 5 kaffir limeblader
- 2 ss smør
- 2 ss malt koriander
- 1 ts malt spisskummen
- 1 ts rød pepper

- 1 ts malt gurkemeie
- 1 kinesisk BBQ and
- 400 ml (14 oz) kokoskrem
- 1 ss revet palmesukker (jaggery)
- 2 ss fiskesaus
- 1 tykk skive galangal
- 240 g (8½ oz) hermetisk porcini-sopp, drenert
- 400 g (14 oz) hermetisk litchi, delt i to
- 250 g (9 oz) cherrytomater
- 1 håndfull thaibasilikum, hakket
- 1 håndfull korianderblader

Veibeskrivelse:

a) Stek pepperkornene og folieinnpakket rekepasta i en panne på middels høy varme i 2-3 minutter eller til dufter. La avkjøle.

b) Bruk en morter eller en krydderkvern, knus eller mal pepperkornene til et pulver.

c) Ha de knuste pepperkornene og rekene sammen med resten av ingrediensene til karripastaen i en foodprosessor eller morter, og bearbeid eller slå til en jevn pasta.

d) Andekjøttet skilles fra beina og kuttes i biter. Hell den tykke kokoskremen fra toppen av kjelen i en kjele, kok opp på middels varme, rør av og til, og kok i 5-10 minutter eller til blandingen 'deler seg' (smøret begynner å skille seg).

e) Tilsett halvparten av karripasta, palmesukker og fiskesaus og rør til palmesukkeret er oppløst.

f) Tilsett and, galangal, halmsopp, litchi, reservert litchisirup og resterende kokoskrem. Kok opp og la det småkoke og kok i 15-20 minutter eller til anda er mør.

g) Tilsett cherrytomater, basilikum og koriander. Krydre etter smak. Server når cherrytomatene har blitt litt myke.

54. Karri med kylling, mandler og rosiner

Gir 6 porsjoner

ingredienser:

- 6 kardemommestenger
- 6 nellik
- 1 ts spisskummen frø
- 1 ts chilipepper
- 2 ss ghee eller olje
- 1 kg (2 lb 4 oz) kyllinglårfileter, kuttet i 3 cm (1¼in) terninger
- 1 løk, finhakket
- 3 fedd hvitløk, knust
- 1½ ss finrevet ingefær 2 kanelstenger
- 2 laurbærblader
- 50 g (1¾ oz/1/3 kopp), blancherte mandler, lett ristet
- 40 g (1½ oz/1/3 kopp) rosiner

- 250 g (9 oz/1 kopp) vanlig yoghurt
- 125 ml (4 oz/½ kopp) kyllingkraft

Veibeskrivelse:

a) Knus kardemommebelgene lett med den flate siden av en tung kniv. Fjern frøene ved å kaste belgene. Rist frøene sammen med nellik, spisskummen og chili i en panne på middels høy varme i 2-3 minutter eller til dufter.

b) La avkjøle. Bruk en morter eller en krydderkvern, knus eller mal til et pulver.

c) varme i en stor, tyktbasert stekepanne . Stek kyllingen i omganger og sett til side.

d) I samme panne steker du løk, hvitløk og ingefær på lav varme i 5-8 minutter til det er mykt. Tilsett den malte krydderblandingen, kanelstenger og laurbærblader og kok under konstant omrøring i 5 minutter.

e) Ha mandler, rosiner og kylling tilbake i pannen. Tilsett yoghurten en skje om gangen, rør for å absorbere den i retten. Legge til

f) kyllingkraft, reduser varmen til lav, dekk til og stek i 40 minutter eller til kyllingen er mør. Mens du koker, skum av all olje som kommer opp til overflaten og kast. Krydre godt og server.

55. Vietnamesisk kylling karri

Gir 6 porsjoner

ingredienser:

- 4 store kyllinglår

- 1 ss indisk karripulver

- 1 ts pulverisert (superfint) sukker

- 80 ml (2½ oz/1/3 kopp) smør

- 500 g (1 lb 2 oz) søtpoteter, kuttet i 3 cm (1¼ in) terninger

- 1 stor løk, kuttet i tynne ringer

- 4 fedd hvitløk, knust

- 1 stilk sitrongress, kun hvit del, finhakket

- 2 laurbærblader

- 1 stor gulrot, kuttet i 1 cm (½ tomme) biter.

- 400 ml (14 oz) kokosmelk

- Thai basilikum, til servering

Veibeskrivelse:

a) Fjern skinnet og overflødig fett fra kyllingen. Tørk med et papirhåndkle og skjær hver fjerdedel i 3 like store biter. Ha karripulver, sukker, ½ ts pepper og 2 ts salt i en bolle og bland godt.

b) Gni inn karriblandingen inn i kyllingbitene. Legg kyllingbitene på en tallerken, dekk med plastfolie og sett i kjøleskap over natten.

c) Varm oljen i en stor kjele. Tilsett søtpoteten og kok på middels varme i 3 minutter eller til den er lett gylden. Fjern med en hullsleiv.

d) Fjern alt unntatt 2 ss olje fra pannen. Tilsett løken og stek under omrøring i 5 minutter. Tilsett hvitløk, sitrongress og laurbærblader og stek i 2 minutter.

e) Tilsett kyllingen og stek under omrøring over middels varme i 5 minutter eller til blandingen er godt belagt og begynner å endre farge.

f) Tilsett 250 ml (9 oz/1 kopp) vann og la det småkoke under lokk, rør av og til i 20 minutter.

g) Rør inn gulrot, søtpotet og kokosmelk og la det småkoke uten lokk, rør av og til i 30 minutter eller til kyllingen er gjennomstekt og mør. Vær forsiktig så du ikke knuser søtpotetterningene.

h) Server garnert med thaibasilikum.

STORFE MED KARRI

56. Panang Chili Curry

Gir 4 porsjoner

ingredienser:

- Panang karripasta, tilberedt, tappet etter ønske

- 2 pund tynne skiver chuck

- Kosher salt, om ønskelig

- 1/2 kopp olje, vegetabilsk

- 4 tynne skiver serranopepper uten frø

- 3 finhakkede limeblader, kaffir

- 2 x 13 og 1/2-oz. bokser med kokosmelk, usøtet

- 1/2 kopp sukker, granulert

- 1/4 kopp fiskesaus

- 1 ts spisskummen, malt

- Til servering: sjasminris, dampet og basilikumkvister

- Valgfritt: 4 store egg, stekt

Veibeskrivelse:

a) Bruk kosher salt for å krydre biffet etter ønske. Varm oljen i en stor stekepanne over middels høy. Rør den tilberedte karripastaen mens du koker i et minutt til den dufter.

b) Tilsett biff. Rør hele tiden mens du koker i 5-8 minutter til den er brun.

c) Tilsett kokosmelk, limeblader, chili, 1 1/2 kopper vann, spisskummen, fiskesaus og sukker i pannen. Kok opp og smak til.

d) Tilsett vann etter behov mens du koker biffen og hold den nedsenket i 1 1/2 til 2 timer til biffen er mør. Server biffen over ris og topp med egg og basilikum.

57. Hjemmelaget biff karri

Gir 6 porsjoner

ingredienser:

For raita:

- 2 agurker, ferske
- Kosher salt, om ønskelig
- 1 fedd hvitløk
- 1/2 kopp yoghurt, vanlig
- 1/2 kopp gresk yoghurt

Til karrien:

- 1 ss mel, allsidig
- 1 ss maisstivelse
- 3 ss olje, vegetabilsk
- 2 pund av 1" skivet biff
- Kosher salt og malt svart pepper, om ønskelig

- 3 mellomstore løk hakket
- 1 skrelt og revet eple
- 3 ss mirinsaus
- 1 ss skrelt, hakket ingefær
- 2 hakkede hvitløksfedd
- 3 ss karripulver
- 1 ss granulert sukker
- 1/2 ts melasse, mørk
- 1 ss garam masala krydderblanding
- 1 ss lavnatrium soyasaus
- 4 kopper buljong, kylling
- 1/2 skrellet, med frø, 1/2" gresskar kuttet
- 1 skrelt, 1/2" i terninger, stor potet
- 2 skrelles, kuttet i 1/2" store gulrøtter
- Servering: dampet hvit ris

Veibeskrivelse:

a) Skjær agurkene i to på langs. Skjær dem i halvmåner. Kast i en middels bolle med en klype salt.

b) Skyll med flere skift av springvann, og klem deretter ut overflødig væske. Legg i en liten bolle.

c) Knus hvitløk og salt (bare en klype) på pastaskjærebrettet. Bland med agurkene og begge typer yoghurt.

d) Krydre etter ønske.

e) Bland melet med 2 ss vann og stivelsen i en middels bolle. Sette til side.

f) Varm oljen i en stor kjele over middels høy. Krydre kjøttdeigen etter ønske. Arbeid i to omganger, kok kjøttet, snu av og til, i 6 til 8 minutter hver batch, til alle sider av kjøttet er brunet.

g) Tilsett eplet og løken. Rør av og til mens du steker i 12 til 15 minutter, til løken er myk. Tilsett mirin, hvitløk og ingefær.

Rør av og til mens du koker i 5-6 minutter til dufter ganske godt.

h) Tilsett garam masala, karripulver, kraft og soyasaus. Kok opp, og reduser deretter varmen. La småkoke i 30 til 40 minutter, til biffen er nesten mør.

i) Tilsett squash, gulrøtter og poteter. Dekk til fatet. Kok i 20 til 30 minutter til de er møre, hold grønnsakene nedsenket, tilsett vann etter behov.

j) Dypp sikt i karri. Visp mosreservene inn i væsken i silen og bland sammen. La karrien koke opp igjen.

k) Senk deretter varmen. La småkoke i 8 til 10 minutter til den tykner. Legg karri over ris og topp med raita. Tjene.

58. Biff og kokos curry

Gir 4 porsjoner

ingredienser:

- 1 og 1/2 lbs. av 1" biffterning
- Kosher salt
- 2 ss olje, vegetabilsk
- 2 ss smør, usaltet
- 1/2 et stort hode hvitløk, i tynne skiver
- 4 finhakkede hvitløksfedd
- 1 ss skrelt ingefær, finhakket
- 3 ss indisk karripulver, hvis du har det
- 2 laurbærblad, medium
- 2 x 13 og 1/2-oz. bokser med kokosmelk, usøtet
- 2 pund 2" skrellede poteter i terninger

Veibeskrivelse:

a) Krydre biffet sjenerøst med koshersalt. Varm oljen i en tung, stor gryte over middels høy. Arbeid i grupper, kok oksekjøttet, snu av og til, i 8 til 10 minutter, til det er dypt brunt over det hele. Overfør deretter biff til en tallerken.

b) Hell av fettet fra kjelen, bortsett fra 1 ss Reduser varmen til middels Tilsett smør, løk, ingefær og hvitløk.

c) Rør ofte mens du steker og skrap opp de brune bitene i 5-6 minutter, til løken er gjennomsiktig.

d) Tilsett karrien. Rør under koking i 3-4 minutter til det begynner å feste seg til pannen. Tilsett og rør inn 1 kopp vann, laurbærblader og kokosmelk. Ha biff tilbake i en stor kjele. Krydre etter ønske. La det småkoke og kok, delvis dekket, i 30 til 35 minutter, til biffen er så vidt gaffelmør.

e) Tilsett potetene, og la blandingen koke opp.

f) La det stå utildekket og rør av og til mens du steker i 25 til 35 minutter, til potetene og biff er mørt. Smak til og server.

59. Karri kjøttboller

Gir 8 porsjoner

ingredienser:

Om kjøttbollene

- Olje, olivenolje, etter behov
- 6 x 1"-kuttet løk
- 2 frøfri jalapeños
- 6 fedd hvitløk
- 1 x 1" stykke skrelt, skivet ingefær
- 1 ss sitronsaft, fersk
- 1 ss garam masala krydderblanding
- 1 ts koriander, malt
- 1/2 ts spisskummen, malt
- 1/2 ts sort pepper, cayennepepper
- 2 pund kjøttdeig
- 1 stort egg, pisket
- 3 ss yoghurt, vanlig

- 2 ts salt, kosher

Til karrisausen

- 1/4 kopp olje, olivenolje
- 4 hakkede mellomstore løk
- 10 knuste hvitløksfedd
- 1 & 1/2" skrellet og hakket stykke ingefær
- 3 chili, tørket
- 4 ss spisskummen, malt
- 4 ss karripulver
- 4 ss malt gurkemeie
- 3 ss koriander, malt
- 1 ts sorte pepperkorn
- 1 x 14 og 1/2-oz. boks tomater, knust
- 1 laurbærblad, medium
- 1 ss salt, kosher + ekstra etter ønske

- 1 ss sitronsaft, fersk
- 1/2 ts sort pepper, cayennepepper
- Til servering: korianderblader og møre stilker

Veibeskrivelse:

a) Forvarm ovnen til 400F. Smør kantene på en svampekake lett.

b) Puré jalapeño, løk, ingefær, hvitløk, garam masala, sitronsaft, spisskummen, chilipepper og koriander i en foodprosessor til en jevn masse.

c) Overfør blandingen til en stor bolle. Tilsett biff, yoghurt og egg. Krydre etter ønske. Bruk hendene til å blande til blandingen er klissete, litt som en pølse.

d) Rull biffblandingen til baller på størrelse med golfballer. Legg på en bakeplate og la det være en tomme mellom dem. Drypp med ekstra olje. Stek i 20 til 25 minutter, til de er gjennomstekt og brunet på toppen.

e) Varm oljen i en stor kjele på middels varme. Tilsett løk, ingefær og hvitløk. Rør ofte mens du steker i 8 til 10 minutter, til løken er gjennomsiktig og begynner å bli brun.

f) Rør inn karripulver, chili, gurkemeie, spisskummen, pepperkorn og koriander. Rør ofte mens du koker i 2-3 minutter, til blandingen blir duftende og krydderne begynner å feste seg til pannen.

g) Tilsett 2 kopper vann, 1 ss salt og et laurbærblad. Kok opp igjen. Reduser varmenivået. La småkoke i 25 til 30 minutter til smakene blander seg.

h) La sausen avkjøles litt. Ha over i en foodprosessor og puré til den er veldig jevn. Overfør sausen tilbake til kjelen.

i) Rør inn cayenne og sitronsaft. Krydre etter ønske.

j) Kokte kjøttboller dyppes forsiktig i sausen. La det småkoke. Stek i 10 til 15 minutter til kjøttbollene er gjennomstekt. Fordel korianderen på toppen og server .

60. Massaman grønnsakskarri

Gir 4-6 porsjoner

ingredienser:

- 1 ss smør
- 1 ts korianderfrø
- 1 ts spisskummen frø
- 8 nellik
- 1 ts fennikelfrø
- 4 kardemommefrø
- 6 røde asiatiske sjalottløk, hakket
- 3 fedd hvitløk, finhakket
- 1 ts sitrongress, finhakket
- 1 ts galangal, finhakket
- 4 tørkede lange røde chilier
- 1 ts malt muskatnøtt
- 1 ts kvernet hvit pepper
- 1 ss smør

- 250 g (9 oz) løkløk

- 500 g (1 lb 2 oz) nye poteter

- 300 g (10½ oz) babygulrøtter, kuttet i 3 cm (1¼in) biter

- 225 g (8 oz) sopp, hel

- 1 kanelstang

- 1 kaffir limeblad

- 1 laurbærblad

- 250 ml (9 oz/1 kopp) kokoskrem

- 1 ss limejuice

- 3 ss revet palmesukker (jaggery)

- 1 ss finhakket thaibasilikum

- 1 ss knuste ristede peanøtter

Veibeskrivelse:

a) Varm oljen i en panne på lav varme, tilsett korianderfrø, spisskummen,

b) nellik, fennikelfrø og kardemommefrø og kok i 1-2 minutter eller til dufter.

c) Ha krydderne med resten av currypasta-ingrediensene i en foodprosessor eller morter og stamper og bearbeid eller bank til en jevn pasta. Tilsett litt vann hvis den er for tykk.

d) Varm oljen i en stor kjele, tilsett karripasta og kok under omrøring på middels varme i 2 minutter eller til dufter.

e) Tilsett grønnsaker, kanelstang, limeblad, laurbærblad og nok vann til å dekke (ca. 500 ml/17 oz/2 kopper) og kok opp. Reduser varmen og la det småkoke under lokk under ofte omrøring i 30-35 minutter eller til grønnsakene er kokte.

f) Rør inn kokoskremen og kok uten lokk i 4 minutter, rør ofte, til den tykner litt. Rør inn limejuice, palmesukker og hakket basilikum. Tilsett litt vann hvis sausen er for tørr. Dryss peanøtter og basilikumblader på toppen.

61. Thai biff og peanøttkarri

Gir 4-6 porsjoner

ingredienser:

- 8-10 lange tørkede lange røde chilier
- 6 røde asiatiske sjalottløk, hakket
- 6 fedd hvitløk
- 1 ts malt koriander
- 1 ss malt spisskummen
- 1 ts kvernet hvit pepper
- 2 sitrongressstilker, kun hvit del, hakket
- 1 ss hakket galangal
- 6 korianderrøtter
- 2 ss rekepasta
- 2 ss ristede peanøtter
- peanøttsmør, om nødvendig
- 400 ml (14 oz) kokoskrem (ikke rist formen)

- 1 kg (2 lb 4 oz) rund biff eller biff, i tynne skiver

- 400 ml (14 oz) kokosmelk

- 4 kaffir limeblader

- 90 g (3¼ oz/1/3 kopp) knasende peanøttsmør

- 3 ss limejuice

- 2½ ss fiskesaus

- 2½ ss revet palmesukker

- Thai basilikum, til servering (valgfritt)

- 1 ss hakkede ristede peanøtter, til servering (valgfritt)

Veibeskrivelse:

a) Bløtlegg chiliene i kokende vann i 5 minutter eller til de er møre. Fjern stilken og frøene, og hakk deretter.

b) Ha chiliene og resten av ingrediensene til karripastaen i en foodprosessor eller morter, og bearbeid eller bank dem til en jevn pasta. Tilsett litt peanøttsmør hvis den er for tykk.

c) Hell den tykke kokoskremen fra toppen av kjelen i en kjele, la det småkoke på middels varme, rør av og til, og kok i 5-10 minutter eller til blandingen har brutt ned.

d) Tilsett 6-8 ss karripasta og kok under omrøring i 5-10 minutter eller til dufter.

e) Tilsett biff, gjenværende kokoskrem, kokosmelk, kaffirlimeblader og peanøttsmør og stek i 8 minutter eller til biffen akkurat begynner å endre farge.

f) Reduser varmen og la det småkoke i 1 time eller til biffen er mør. Rør inn limesaft, fiskesaus og palmesukker og ha over på et serveringsfat.

g) Pynt med basilikumblader og ekstra peanøtter, om ønskelig.

62. Thai rød biff karri og aubergine

Gir 4 porsjoner

ingredienser:

- 500 g (1 lb 2 oz) rund eller topp biff
- 250 ml (9 oz/1 kopp) kokoskrem (ikke rist pannen)
- 2 ss ferdig rød karripasta
- 2 ss fiskesaus
- 1 ss revet palmesukker (jaggery)
- 5 kaffir limeblader, halvert
- 500 ml (17 oz/2 kopper) kokosmelk
- 8 thailandske epleauberginer (auberginer), halvert
- 1 liten håndfull thaibasilikum, finrevet

Veibeskrivelse:

a) Skjær kjøttet i 2-tommers (5 cm) biter, og skjær deretter på kryss og tvers i en

45-graders vinkel i ¼-tommers (5 mm) tykke skiver.

b) Hell den tykke kokoskremen fra toppen av kjelen i en kjele, kok opp på middels varme, rør av og til, og kok i 5-10 minutter eller til blandingen 'deler seg' (smøret begynner å skille seg).

c) Tilsett karripasta og la det småkoke under omrøring så det ikke fester seg til bunnen, i 5 minutter eller til dufter.

d) Tilsett kjøttet og stek under omrøring i 3-5 minutter eller til det endrer farge. Tilsett fiskesaus, palmesukker, kaffirlimeblader, kokosmelk og resterende kokoskrem og la det småkoke i 1 time eller til kjøttet er mørt og sausen har tyknet litt.

e) Tilsett auberginen og kok i 10 minutter eller til de er møre. Hvis sausen er for tykk, tilsett litt vann. Rør inn basilikumbladene og server.

63. Massaman Beef Curry

Gir 4 porsjoner

ingredienser:

- 1 spiseskje tamarindmasse
- 2 ss smør
- 750 g (1 lb 10 oz) mager biffgryte, i terninger
- 500 ml (17 oz/2 kopper) kokosmelk
- 4 kardemommestenger, revet
- 500 ml (17 oz/2 kopper) kokoskrem på boks
- 2-3 ss ferdig Massaman karripasta
- 8 løk
- 8 store babypoteter, delt i to
- 2 ss fiskesaus
- 2 ss revet palmesukker
- 70 g (2½ oz/½ kopp) usaltede ristede malte peanøtter

- korianderblader, til servering

Veibeskrivelse:

a) Legg tamarindmassen og 125 ml (4 oz/½ kopp) kokende vann i en bolle og sett til side til avkjøling. Når den er avkjølt, mos massen for å løse den opp i vannet, sil deretter og behold væsken. Kast fruktkjøttet.

b) Varm oljen i en wok eller stor gryte og stek kjøttet i omganger over høy varme i 5 minutter eller til det er brunt.

c) Reduser varmen og tilsett kokosmelk og kardemomme og la det småkoke i 1 time eller til biffen er mør. Fjern oksekjøttet, sil og behold biffkjøttet og kokevæsken.

d) Ha den tykke kokoskremen fra toppen av formene i en kjele, la det småkoke på middels varme, rør av og til, og kok i 5-10 minutter, eller til blandingen "deler seg" (smøret begynner å skille seg).

e) Tilsett karripasta og kok i 5 minutter eller til dufter.

f) Tilsett løk, poteter, fiskesaus, palmesukker, peanøtter, biff, reservert kokevæske og tamarindvæske og la det småkoke i 25-30 minutter. Pynt med friske korianderblader.

64. Pepper Beef Curry

Gir 6 porsjoner

ingredienser:

- 1 ss korianderfrø
- 2 ss spisskummen frø
- 1 ts fennikelfrø
- 1 ss sorte pepperkorn
- 3 ss smør
- 1 kg (2 lb 4 oz) biff, i terninger
- 2 løk, finhakket
- 2 fedd hvitløk, knust
- 3 ss finrevet ingefær
- 1 rød chili, uten frø, finhakket
- 8 karriblader
- 1 stilk sitrongress, kun hvit del, finhakket
- 2 ss sitronsaft

- 250 ml (9 oz/1 kopp) kokosmelk
- 250 ml (9 oz/1 kopp) storfekjøttkraft

Veibeskrivelse:

a) Tørrrist korianderfrø, spisskummen, fennikelfrø og pepperkorn i en panne på middels til høy varme i 2-3 minutter eller til dufter. La avkjøle. Bruk en morter eller en krydderkvern, knus eller mal til et pulver.

b) I en tykk kjele, varm oljen over høy varme, stek oksekjøttet i porsjoner og sett til side.

c) Reduser varmen til middels, tilsett løk, hvitløk, ingefær, chili, karriblader og sitrongress og stek i 5-6 minutter eller til de er myke. Tilsett de malte krydderne og stek i ytterligere 3 minutter.

d) Ha biffet tilbake i pannen og bland godt for å dekke med krydder. Tilsett sitronsaft, kokosmelk og oksekraft og kok opp.

e) Reduser varmen til lav, dekk til og stek i 2½ time eller til biffen er veldig mør og sausen har redusert. Mens du koker, skum av all olje som kommer opp til overflaten og kast.

65. Biff rendang

Gir 6 porsjoner

ingredienser:

- 1,5 kg (3 lb 5 oz) biff
- 2 løk, finhakket
- 2 fedd hvitløk, knust
- 400 ml (14 oz) kokosmelk
- 2 ss malt koriander
- 1 ts malt fennikel
- 2 ss malt spisskummen
- ¼ teskje malt nellik
- 4-6 røde chili, hakket
- 1 spiseskje sitronsaft
- 1 stilk sitrongress, kun hvit del, kuttet på langs
- 2 ss revet palmesukker (jaggery)

Veibeskrivelse:

a) Fjern overflødig fett eller sener fra kjøttet og skjær i terninger på 3 cm (1¼in). Ha løken og hvitløken i en foodprosessor eller morter og stamper og bearbeid eller bank til en jevn pasta.

b) Ha kokosmelken i en stor kjele og kok opp, reduser deretter varmen til middels og kok, rør av og til, i 15 minutter eller til melken har redusert til det halve og smøret har skilt seg. Ikke la melken bli brun.

c) Tilsett koriander, fennikel, spisskummen og nellik i pannen og rør i 1 minutt. Tilsett kjøttet og stek i 2 minutter eller til det endrer farge. Tilsett løkblandingen, chili, sitronsaft, sitrongress og sukker.

d) Kok, dekket, på middels varme i 2 timer eller til væsken har redusert og blandingen har tyknet. Rør ofte så det ikke fester seg til bunnen av pannen.

e) Avdekke og fortsett å koke til oljen fra kokosmelken begynner å komme ut igjen, slik at karrien får farge og smak.

66. Biff og sennepsfrø karri

Gir 6 porsjoner

ingredienser:

- 3 ss smør

- 2 ss brune sennepsfrø

- 4 tørkede røde chilier

- 1 ss gule erter

- 200 g (7 oz) fransk sjalottløk, finhakket

- 8 fedd hvitløk, knust

- 1 ss finrevet ingefær

- 15 karriblader

- $\frac{1}{2}$ ts malt gurkemeie

- 420 g (15 oz) hermetiske tomater, i terninger

- 1 kg (2 lb 4 oz) biff, i terninger

- 435 ml (15$\frac{1}{2}$ oz/1$\frac{3}{4}$ kopper) storfekjøttkraft

Veibeskrivelse:

a) Ha oljen i en tykkbasert kjele på middels varme, tilsett sennepsfrø, chili og delte erter. Så snart sennepsfrøene begynner å sprekke, tilsett sjalottløk, hvitløk, ingefær, karriblader og gurkemeie. Stek i 5 minutter, tilsett deretter tomater, biff og kraft.

b) Kok opp og la det småkoke, dekk til og kok i 2 timer eller til biffen er veldig mør og sausen har redusert. Mens du koker, skum av all olje som kommer opp til overflaten og kast.

67. Biffboller og marinert hvitløk

Gir 4 porsjoner

ingredienser:

- 450 g (1 lb) malt biff
- 3 fedd hvitløk, knust
- 1 ts hvit pepper
- 1 liten håndfull korianderblader, hakket
- 1 liten håndfull thaibasilikum, hakket
- 1 vårløk (rødløk), finhakket
- 3 ss fiskesaus
- 1 egg
- 3 ss smør
- 3 ss ferdig grønn karripasta
- 3 ss finhakket ingefær
- 1½ ts malt gurkemeie
- 3 ss fiskesaus
- 3 kaffir limeblader

- 2½ ss tamarindpuré
- 3 ss hakket syltet hvitløk
- 1½ ss revet palmesukker

Veibeskrivelse:

a) For å lage kjøttbollene, bland alle ingrediensene godt. Deretter, ta en spiseskje om gangen, rull blandingen til små kuler. Du bør ha ca 24 kuler.

b) Varm oljen i en kjele på middels varme og tilsett karripasta, ingefær og gurkemeie og kok under ofte omrøring i ca 5 minutter eller til dufter.

c) Tilsett fiskesaus, kaffirlimeblader og tamarind. Kok opp, dekk deretter til, reduser til en koking og kok i 5 minutter.

d) Tilsett kjøttbollene, syltet hvitløk og palmesukker og la det småkoke i 15 minutter eller til kjøttbollene er gjennomstekt.

68. Karri med basilikum, biff og sort pepper

Gir 4 porsjoner

ingredienser:

- 2 ss revet ingefær
- 2 fedd hvitløk, knust
- 500 g (1 lb 2oz) biff eller rund biff
- 250 ml (9 oz/1 kopp) kokoskrem
- 1 ss ferdig gul karripasta
- 80 ml (2½ oz/1/3 kopp) fiskesaus
- 60 g (2¼ oz/1/3 kopp) revet palmesukker
- 2 sitrongressstilker, kun hvit del, finhakket
- 1 tykk skive galangal
- 4 kaffir limeblader
- 2 tomater, kuttet i 2 cm (¾ tomme) terninger.
- 400 g (14 oz) hermetiske bambusskudd, drenert, kuttet i små biter

- 25 g (1 oz) thaisyltede grønne pepperkorn, på stilken

- 2 ss tamarindpuré

- 1 stor håndfull thaibasilikum, hakket

Veibeskrivelse:

a) Knus ingefær og hvitløk til en grov pasta i en morter eller kjøkkenmaskin. Skjær kjøttet i 5 cm strimler x 2 m (2 in x $\frac{3}{4}$ in) og 3 mm (1/8 in) tykk.

b) Bland ingefær og hvitløkspasta sammen med biff og mariner i 30 minutter.

c) Kok opp halvparten av kokoskremen i en kjele på middels varme, og la den småkoke. Rør inn den gule karripastaen og stek i 3-5 minutter. Tilsett fiskesaus og palmesukker og rør til sukkeret er oppløst.

d) Øk varmen til høy, tilsett de resterende ingrediensene og 375 ml (13 oz/$1\frac{1}{2}$ kopper) vann og kok opp karrien, reduser deretter til en koking og kok uten lokk i 1-1¼ time eller til biffen er mør.

e) Sjekk krydderet og juster ved å tilsette mer fiskesaus eller palmesukker om nødvendig. Rør inn resten av kokoskremen og server umiddelbart.

LAMMEKARRI

69. Lam dhansak

Gir 6 porsjoner

ingredienser:

- 100 g (3½ oz/¾ kopp) gule linser
- 2 ss tørkede gule mungbønner
- 2 ss tørkede kikerter
- 3 ss røde linser
- 1 uskrellet aubergine (aubergine)
- 150 g (5½ oz) skrelt gresskar
- 2 ss ghee eller olje
- 1 løk, finhakket
- 3 fedd hvitløk, knust
- 1 ss revet ingefær
- 1 kg (2 lb 4 oz) benfri lammelår eller skulder, kuttet i 3 cm (1¼in) terninger
- 1 kanelstang
- 5 kardemommestenger, revet

- 3 nellik

- 1 ss malt koriander

- 1 ts malt gurkemeie

- 1 ts chilipulver eller etter smak

- 150 g (5½ oz) amaranth eller engelsk spinatblader, kuttet i 5 cm (2in) lengder

- 2 tomater, halvert

- 2 lange grønne chilier, uten frø, delt på langs

- 3 ss limejuice

Veibeskrivelse:

a) Bløtlegg de gule linsene, gule mungbønnene og kikertene i vann i ca 2 timer, og la dem renne godt av.

b) Plasser alle fire bønnertypene i en kjele, tilsett 1 liter (35 oz/4 kopper) vann, dekk til og kok opp.

c) Avdekke og la det småkoke i 15 minutter, skum av skum som dannes på overflaten og rør av og til for å sikre at alle grønnsakene koker i samme hastighet og er møre. Tøm bønnene og mos lett til en lignende tekstur.

d) Kok aubergine og squash i kokende vann i 10-15 minutter eller til de er møre. Skrap ut den kjøttfulle delen av gresskaret og skjær det i biter. Skrell forsiktig auberginen (den kan være veldig kjøttfull) og skjær kjøttet i små biter.

e) Varm ghee eller olje i en gryte eller karahi og stek løk, hvitløk og ingefær i 5 minutter eller til de er lett brune og myke. Tilsett lammet og stek i 10 minutter eller til dufter.

f) Tilsett kanel, kardemommebelger, nellik, koriander, gurkemeie og chilipulver og stek i 5 minutter for å utvikle smakene. Tilsett 170 ml (5½ oz/n kopp) vann, dekk til og la det småkoke i 40 minutter eller til lammet er mørt.

g) Tilsett de purerte linsene og alle de kokte og rå grønnsakene i pannen.

h) Tilsett limesaften og la det småkoke i 15 minutter (hvis sausen er for tykk, tilsett litt vann). Bland godt og sjekk krydderet. Dhansak skal være velsmakende, aromatisk, syrlig og krydret.

70. Lam og potet karri

Gir 6 porsjoner

ingredienser:

- 6 hakkede hvitløksfedd
- 3 ss karripulver
- 2 ss fersk, malt ingefærrot
- 2 ss garam masala krydderblanding
- 1 ts paprika, røkt
- 1 ts tørket timian
- 1 ts koriander, malt
- 1 og 1/2 ts salt, kosher
- 1 ts svart pepper, malt
- 1/4 ts spisskummen, malt
- 1 ss olje, olivenolje
- 1 ts chilipulver
- 2 pund lammekoteletter

- 4 x 1/2" mellomstore røde poteter i terninger

- 1 x 15 oz. boks udrenerte tomater i terninger

- 1 kopp lavnatrium kyllingbuljong

- 1 hakket liten løk

- Valgfritt: kokt, varm brun ris, til servering

Veibeskrivelse:

a) I en stor foodprosessor blander du 1 ss karripulver med 3 fedd hvitløk, 1 ss ingefær, 1 ts garam masala krydderblanding, rød pepper, timian, chilipulver, 1/2 ts kosher salt, malt svart pepper og koriander, malt spisskummen og smør.

b) Legg lammekoteletter i konvolutten. Forsegl konvolutten og dekk kotelettene ved å vri konvolutten. Avkjøl i 8 timer.

c) Legg potetbitene i en langsom komfyr. Tilsett lammet.

d) Ha buljong, tomater, løk og resterende hvitløk og krydder i en foodprosessor. Dekk det til og bearbeid til det er godt blandet.

e) Hell tomatblandingen over lam og poteter. Dekk til saktekokeren. Kok til kjøttet er mørt, 4 til 5 timer. Fjern kjøttet fra beina og kast beina.

f) Strimle kjøttet med 2 gafler. Sil kokesaften og ta vare på potetene. Fjern fettet fra saften. Ha lammet, reserverte poteter og kokejuice tilbake i saktekokeren og varm gjennom . Server over ris, om ønskelig.

71. Lammelår og yoghurtkarri

Gir 6 porsjoner

ingredienser:

- 3 ss korianderfrø
- 2 ss spisskummen frø
- 1 ts nellik
- 1 ts sorte pepperkorn
- 1 ts chilipepper
- 1 ts malt gurkemeie
- 2 ss hakket ingefær
- 6 fedd hvitløk, finhakket
- 1 liten løk, finhakket
- 2 ss ghee eller olje
- 6 lammebein
- 3 kanelstenger
- 2 laurbærblader
- 375 g (13 oz/1½ kopper) vanlig yoghurt

- 625 ml (21½ oz/2½ kopper) kyllingkraft
- Forvarm ovnen til 160 °C (315 °F/gass 2-3).

Veibeskrivelse:

a) Tørrstek korianderfrø, spisskummen, nellik, pepperkorn, kajennepepper og malt gurkemeie i en panne på middels høy varme i 2-3 minutter eller til dufter. La avkjøle. Bruk en morter eller en krydderkvern, knus eller mal til et pulver.

b) Plasser de malte krydderne med ingefær, hvitløk, løk og 3 ss vann i en foodprosessor eller morter og mal og mal til en jevn pasta.

c) Varm opp ghee eller olje over middels høy varme i en stor, tungbasert stekepanne og brun skankene i omganger og sett til side. Reduser varmen til lav. Tilsett ingefærkrydderet i pannen og stek i 5-8 minutter.

d) Tilsett kanel, laurbærblader og yoghurt i pannen, en skje om gangen, og rør godt for å blande seg jevnt. Tilsett kyllingkraften og rør godt sammen.

e) Legg skankene i et stort, kraftig fat som kan holde dem i et enkelt lag, og hell deretter yoghurtsausen over skankene. Snu skankene så de er dekket med sausen og dekk med lokk eller folie.

f) Stek i ovnen i ca 3 timer, eller til lammet løsner fra benet, snu bena halvveis. Når du tar ut ovnen, skum av all olje som kommer opp til overflaten og kast.

g) Fjern skankene fra sausen over på et serveringsfat. Krydre sausen godt etter smak, rør for å kombinere før du øser over skankene.

72. Lammelår

Gir 4 porsjoner

ingredienser:

- 1 kg (2 lb 4 oz) lammelår
- 1 løk, hakket pluss 1 løk, i skiver
- 2 ss revet ingefær
- 4 fedd hvitløk
- 2 ss malt koriander
- 2 ss malt spisskummen
- 1 ts kardemommefrø
- 1 ts nellik
- 1 ts malt kanel
- 3 lange grønne chilier, frigjort, hakket
- 2 ss ghee eller olje
- 2½ ss tomatpuré
- 125 g (4½ oz/½ kopp) vanlig yoghurt
- 125 ml (4 oz/½ kopp) kokoskrem

- 50 g (1¾ oz/½ kopp) malte mandler
- ristede skiver mandler, til servering

Veibeskrivelse:

a) Kutt overflødig fett eller sene fra lammet, kutt i terninger på 3 cm (1¼in) og legg i en stor bolle.

b) Ha hakket løk, ingefær, hvitløk, koriander, spisskummen, kardemommefrø, nellik, kanel, cayennepepper og ½ ts salt i en foodprosessor eller morter og mal den til en jevn masse.

c) Tilsett krydderpastaen til lammet og bland godt sammen. La marinere i 1 time.

d) Varm ghee eller olje i en stor kjele, tilsett den hakkede løken og stek under omrøring på lav varme i 7 minutter eller til løken er myk.

e) Øk varmen til middels høy og tilsett lammeblandingen og kok under konstant omrøring i 8-10 minutter eller til lammet endrer farge.

f) Rør inn tomatpuré, yoghurt, kokoskrem og malte mandler. Reduser varmen og la det småkoke under lokk under omrøring av og til i ca 1 time eller til kjøttet er veldig mørt. Tilsett litt vann hvis blandingen blir for tørr.

g) Krydre godt med salt og pepper og server pyntet med skivede mandler.

73. Lam Rogan Josh

Gir 6 porsjoner

ingredienser:

- 8 fedd hvitløk, knust
- 3 ss revet ingefær
- 2 ss malt spisskummen
- 1 ts chilipulver
- 2 ss rød pepper
- 2 ss malt koriander
- 1 kg (2 lb 4 oz) benfri lammelår eller skulder, kuttet i 3 cm ($1\frac{1}{4}$in) terninger
- 3 ss ghee eller olje
- 1 løk, finhakket
- 6 kardemommestenger, revet
- 4 nellik
- 2 indiske laurbærblader (kassia).
- 1 kanelstang

- 185 g (6½ oz/¾ kopp) gresk yoghurt
- 4 tråder safran blandet med 2 ss melk
- ¼ teskje garam masala

Veibeskrivelse:

a) Kombiner hvitløk, ingefær, spisskummen, chilipulver, paprika og koriander i en stor bolle. Tilsett kjøttet og bland godt til pels. Dekk til og mariner i minst 2 timer eller over natten i kjøleskapet.

b) Varm opp ghee eller olje i en ildfast kjele eller karahi på lav varme. Tilsett løken og stek i ca 10 minutter, eller til løken er lett brunet. Fjern fra karet.

c) Tilsett kardemommebelgene, nellik, laurbærblad og kanel i retten og stek i 1 minutt.

d) Reduser varmen, tilsett kjøttet og løken, rør godt og stek i 2 minutter. Rør godt, reduser deretter varmen til lav, dekk til og kok i 15 minutter.

e) Avdekke og stek i ytterligere 3-5 minutter, eller til kjøttet er helt tørt. Tilsett 100 ml (3½ oz) vann, dekk til og kok i 5-7 minutter, til vannet har fordampet og oljen har skilt seg og flytet til overflaten.

f) Brun kjøttet i ytterligere 1-2 minutter, og tilsett deretter 250 ml (9 oz/1 kopp) vann. Dekk til og stek i 40-50 minutter, la det småkoke, til kjøttet er mørt. Væsken vil redusere ganske mye.

g) Rør inn yoghurten når kjøttet er nesten mørt, pass på at kjøttet ikke fester seg til bunnen av pannen. Tilsett safran og melk. Rør blandingen noen ganger for å få inn safranen. Smak til med salt etter smak.

h) Fjern fra varmen og dryss over garam masala.

74. Baltisk lam

Gir 4 porsjoner

ingredienser:

- 1 kg (2 lb 4 oz) etappe av lammebiff, kuttet i 3 cm (1¼in) terninger

- 2 ss ferdig balti masala pasta

- 2 ss ghee eller olje

- 3 fedd hvitløk, knust

- 1 ss garam masala

- 1 stor løk, finhakket

- 2 ss hakkede korianderblader, pluss ekstra til pynt

Veibeskrivelse:

a) Forvarm ovnen til 190° C (375° F /gass 5). Ha kjøttet, 1 ss balti masala pasta og 375 ml (13 oz/1½ kopper) kokende vann i en stor gryte eller karahi og bland. Stek, dekket, i ovnen i 30–40 minutter eller til nesten gjennomstekt. Hell av, ta vare på buljongen.

b) Varm ghee eller olje i en wok, tilsett hvitløk og garam masala og stek på middels varme i 1 minutt. Tilsett løken og stek i 5-7 minutter, eller til løken er myk og gyllenbrun.

c) Øk varmen, tilsett den resterende balti masala-pastaen og lammet. Stek i 5 minutter for å brune kjøttet. Tilsett den reserverte kraften sakte og la det småkoke på lav varme, rør av og til, i 15 minutter.

d) Tilsett de hakkede korianderbladene og 185 ml (6 oz/¾ kopp) vann og la det småkoke i 15 minutter eller til kjøttet er mørt og sausen har tyknet litt.

e) Smak til med salt og nykvernet pepper og pynt med ekstra korianderblader.

75. Sur lam og bambus karri

Gir 4 porsjoner

ingredienser:

- 1 ts hvite pepperkorn
- 1 ts rekepasta
- 30 g (1 oz) tørkede reker
- 6 grønne løk, i skiver
- 60 g (2¼ oz) hakket jalapeñopepper
- 2 sitrongressstilker, kun hvit del, i tynne skiver
- 6 fedd hvitløk, knust
- 4 korianderrøtter, hakket
- 2 ts malt galangal
- 1 ts chilipulver
- 80 ml (2½ oz/1/3 kopp) fiskesaus
- 80 ml (2½ oz/1/3 kopp) limejuice
- 1 ts malt gurkemeie

- 500 g (1 lb 2oz) beinfri lammelår, trimmet for overflødig fett

- 1 ss smør

- 1 ss revet palmesukker (jaggery)

- 250 ml (9 oz/1 kopp) kokoskrem

- 60 g (2¼ oz/¼ kopp) tamarindpuré

- 1½ ss fiskesaus

- 400 g (14 oz) hermetiske biter av bambusskudd, kuttet i tykke skiver

- 200 g (7 oz) grønne bønner, kuttet i 4 cm lange biter.

Veibeskrivelse:

a) Stek pepperkornene og folieinnpakket rekepasta i en panne på middels høy varme i 2-3 minutter eller til dufter. La avkjøle. Bruk en morter eller en krydderkvern, knus eller mal til et pulver.

b) Bearbeid de tørkede rekene i en foodprosessor til de er veldig finhakket - og danner en "streng".

c) Ha de knuste pepperkornene, rekepastaen og de tørkede rekene sammen med resten av ingrediensene til karripastaen i en foodprosessor eller morter og stamper og bearbeid eller bank til en jevn pasta.

d) Skjær lammet i strimler på 5 cm x 2 cm (2in x ¾in) og 3 mm (1/8in) tykke. Varm oljen i en gryte på middels varme og tilsett 2-3 ss pasta. Rør kontinuerlig mens du tilsetter palmesukkeret. Når palmesukkeret har løst seg opp, tilsett lammet, rør i ca 7 minutter eller til det er lett gyldent.

e) Tilsett kokoskremen, 250 ml (9 oz/1 kopp) vann, tamarind, fiskesaus og bambus. Kok opp, reduser deretter varmen og la det småkoke i ca 20 minutter eller til de er møre.

f) Tilsett bønnene og la det småkoke i ytterligere 3 minutter. Smak til og server.

76. Lam med koriander

Gir 6 porsjoner

ingredienser:

- 1½ ss hakket ingefær
- 2½ ss sitronsaft
- 1 kg (2 lb 4 oz) lammelegg eller skulder, i terninger
- 1½ ss korianderfrø
- 1 ts sorte pepperkorn
- 2 tomater, hakket
- 2 ss tomatpuré
- 3 lange grønne chilier, frigjort, hakket
- 1 håndfull korianderstilker og røtter, grovhakket
- 3 ss smør
- 250 ml (9 oz/1 kopp) kyllingkraft
- 2 ss vanlig yoghurt

- 1 stor håndfull korianderblader, finhakket, til servering

Veibeskrivelse:

a) Ha hvitløk, ingefær, sitronsaft og nok vann til å danne en pasta i en foodprosessor eller stamper og bearbeid eller bank til en jevn pasta.

b) Legg lammet i en ikke-metallisk bolle, tilsett hvitløkspasta og bland godt for å kombinere. Dekk til og avkjøl i 2 timer.

c) Tørrrist korianderfrøene og pepperkornene i en panne på middels til høy varme i 2-3 minutter, eller til dufter. La avkjøle. Bruk en morter eller en krydderkvern, knus eller mal til et pulver.

d) Ha malt krydder, tomater, tomatpuré, chili og korianderstilker og røtter i en foodprosessor eller morter og mal og mal til en jevn pasta.

e) Varm oljen i en tykk gryte over middels høy varme. Stek lammet i porsjoner. Når alt lammet er ferdig, tilbake i pannen med tomatchilipuré og kraft.

f) Kok opp og la det småkoke, dekk til og kok i 1½ time, ta av lokket og kok i ytterligere 15 minutter eller til lammet er veldig mørt. Mens du koker, skum av all olje som kommer opp til overflaten og kast.

g) Ta av varmen og rør forsiktig inn yoghurten, pynt med hakkede korianderblader og server.

77. Lam og spinat karri

Gir 6 porsjoner

ingredienser:

- 2 ss korianderfrø
- 1½ ts spisskummen frø
- 3 ss smør
- 1 kg (2 lb 4 oz) beinfri lammelår eller skulder, kuttet i 2,5 cm (1 tommer) terninger
- 4 løk, finhakket
- 2 nellik
- Kardemomme pods
- 1 kanelstang
- 10 sorte pepperkorn
- 4 indiske laurbærblader (kassia).
- 3 ss garam masala
- ¼ teskje malt gurkemeie

- 1 ts rød pepper
- 1½ ss revet ingefær
- 4 fedd hvitløk, knust
- 185 g (6½ oz/¾ kopp) gresk yoghurt
- 450 g (1 lb) amaranth eller engelsk spinatblader, grovhakket

Veibeskrivelse:

a) Tørrsteik koriander- og spisskummenfrøene i en panne på middels til høy varme i 2-3 minutter eller til dufter. La avkjøle. Bruk en morter eller en krydderkvern, knus eller mal til et pulver.

b) Varm oljen i en ildfast form på svak varme og stek flere kjøttstykker om gangen til de er brune. Fjern fra karet.

c) Tilsett mer olje i retten om nødvendig og stek løk, nellik, kardemommestang, kanelstang, pepperkorn og laurbærblader til løken er lett brun. Tilsett spisskummen og koriander, garam masala, gurkemeie og rød pepper og stek i 30 sekunder.

d) Tilsett kjøtt, ingefær, hvitløk, yoghurt og 425 ml vann og kok opp. Reduser varmen til en la det småkoke, dekk til og stek i 1½-2 timer eller til kjøttet er veldig mørt.

e) På dette tidspunktet skal det meste av vannet ha fordampet. Hvis ikke, ta av lokket, øk varmen og kok til fuktigheten fordamper.

f) Kok spinaten kort i litt kokende vann til den er mør, og oppdater den deretter i kaldt vann. Tøm grundig, og finhakk deretter. Klem ut overflødig vann.

g) Tilsett spinaten til lammet og stek i 3 minutter, eller til spinat og lam er godt blandet og overflødig væske er fordampet.

78. Hakket lammekjøtt med appelsin

Gir 6 porsjoner

ingredienser:

- 3 ss smør
- 2 løk, finhakket
- 4 fedd hvitløk, knust
- 3 ss finrevet ingefær
- 2 ss malt spisskummen
- 2 ss malt koriander
- 1 ts malt gurkemeie
- 1 ts chilipepper
- 1 ts garam masala
- 1 kg (2 lb 4 oz) malt (kvernet) lam
- 90 g (3¼ oz/1/3 kopp) vanlig yoghurt
- 250 ml (9 oz/1 kopp) appelsinjuice
- 2 ss appelsinskall
- 1 laurbærblad

- 1 lang grønn chili, uten frø, finhakket
- 1 håndfull korianderblader, grovhakket
- 1 håndfull mynte, grovhakket

Veibeskrivelse:

a) Varm oljen i en stor, tykkbasert stekepanne over middels varme. Tilsett løk, hvitløk og ingefær og fres i 5 minutter. Tilsett spisskummen, koriander, gurkemeie, chili og garam masala og stek videre i 5 minutter.

b) Øk varmen til høy, tilsett malt lammekjøtt og stek under konstant omrøring for å bryte opp kjøttet. Tilsett yoghurten , en spiseskje om gangen, rør for å blande godt. Tilsett appelsinjuice, skall og laurbærblad.

c) Kok opp og reduser til en koking, dekk til og kok i 45 minutter eller til de er møre. Mens du koker, skum av all olje som kommer opp til overflaten og kast.

d) Krydre godt etter smak, og rør deretter inn grønn chili, koriander og mynte før servering.

79. Mint lammekarri

Gir 6 porsjoner

ingredienser:

- 1 kg (2 lb 4 oz) lammeskulder, kuttet i 2 cm (¾ tomme) terninger
- 4 løk, finhakket
- 3 fedd hvitløk, knust
- 3 ss finhakket ingefær
- 1 ts chilipepper
- 1 ts gurkemeie
- 125 ml (4 oz/½ kopp) kyllingkraft
- 1 håndfull korianderblader og stilker
- 1 håndfull mynte
- 3 lange grønne chilier
- 3 ss sitronsaft
- 1 teskje sukker

Veibeskrivelse:

a) Legg lam, løk, hvitløk, ingefær, chilipepper, gurkemeie og kyllingkraft i en tykk gryte på middels varme.

b) Kok opp, reduser varmen til lav, dekk til og kok i 2 timer. Skum overflaten for å fjerne oljen og kast den.

c) Ha korianderbladene og stilkene, myntebladene, grønn chili, sitronsaft og 2 ss karrivæske i en foodprosessor eller morter og mal og mal eller puls til jevn.

d) Hell i lammeblandingen, sett tilbake på varmen til det koker igjen.

e) Tilsett sukkeret, smak godt til og server.

80. Lammeskjorte

Gir 6 porsjoner

ingredienser:

- 2 løk, hakket
- 1 ss revet ingefær
- 4 fedd hvitløk, knust
- 1 ts malt kanel
- 3 ss ghee eller olje
- 1 kg (2lb 4oz) lammeskulder, i terninger
- 125 g (4½ oz/½ kopp) vanlig yoghurt
- 250 ml (9 oz/1 kopp) kyllingkraft
- 40 g (1½ oz/½ kopp) sprø stekt løk
- 3 røde chili, med frø, finhakket
- 1 spiseskje sukker
- 3 ss limejuice

Veibeskrivelse:

a) Plasser løk, ingefær, hvitløk, kanel og 3 ss vann i en foodprosessor eller stamper og bearbeid eller bank til en jevn pasta.

b) Varm opp ghee eller olje i en tykkbasert kjele over høy varme. Brun lammet i omganger og sett til side.

c) Reduser varmen til lav, tilsett løkpastaen og stek i 5 minutter under konstant omrøring. Legg lammet tilbake i pannen og rør for å kombinere, tilsett yoghurten en skje om gangen, rør godt for å kombinere.

d) Tilsett kyllingbuljongen og stekt løk. Kok opp, dekk til og la det småkoke i 2 timer. Mens du koker, skum av all olje som kommer opp til overflaten og kast.

e) Når lammet er mørt, tilsett chili, sukker og limesaft og kok i ytterligere 5 minutter før servering.

SVINEKARRI

81. Indrefilet av svin i grønn karri

Gir 4 porsjoner

ingredienser:

For filet:

- 1/4 kopp lavnatrium soyasaus
- 2 ss appelsinjuice, fersk
- 1 ss lønnesirup, ren
- 1 ss sesamolje, ristet
- 1 x 1 og 1/2-lb. indrefilet av svin
- Salt, kosher, etter ønske
- 1 ss druekjerneolje

For montering og saus:

- 1 ss + 1/2 kopp druekjerneolje
- 1 middels sjalottløk, hakket
- 1 fedd hvitløk
- 1/4 kopp grønn karripasta, kokt

- 1 ts limeskall, finrevet
- 1 x 14 og 1/2-oz. boks kokosmelk, usøtet
- 1 ss agave nektar
- 1 ss limejuice, fersk
- 1/4 kopp korianderblader + ekstra til servering
- Ristede, usaltede gresskarkjerner

Veibeskrivelse:

a) For å forberede ytrefileten, kombiner lønnesirup, appelsinjuice, soyasaus og sesamolje i en stor foodprosessorpose. Legge til

b) indrefilet, trykk deretter ut luften og forsegl posen. Snu én gang mens du avkjøler i 8 til 12 timer. Fjern så fileten. Kast marinaden. Krydre etter ønske.

c) Forvarm ovnen til 250F. Varm oljen i en stor ildfast panne over middels høy. Snu fileten av og til mens du steker i 5-7 minutter, til den er brun på alle sider. Overfør pannen til ovnen. Stek ved 250F i 20 til 25 minutter. Ha kjøttet over på et skjærebrett og la det hvile i 10+ minutter før det skjæres i skiver.

d) Varm 1 ss smør i en stor stekepanne over middels varme. Rør hvitløk og sjalottløk ofte mens du steker i 3-4 minutter til de er myke. Tilsett karripasta og limeskall. Rør hele tiden mens du koker i 4-5 minutter til pastaen er velduftende og litt mørkere.

e) Tilsett kokosmelken. La blandingen småkoke. Kok i 20 til 25 minutter, til det er halvert. La karriblandingen avkjøles.

f) Ha karriblandingen over i en foodprosessor. Tilsett limejuice, agave, 2 ss vann og 1/4 kopp koriander. Bland til det er helt glatt. Tilsett den siste 1/2 koppen olje i en jevn strøm. Rør så til sausen er emulgert og tykk. Overfør til et lite brett. Varm på middels til varm. Server svinekjøtt og saus, pyntet med gresskarkjerner og koriander.

82. Eple og svinekarri

Gir 8 porsjoner

ingredienser:

- 2 pund beinfri 1" terninger av stekt indrefilet av svin
- 1 skrelt, oppskåret eple, medium
- 1 hakket løk, liten
- 1/2 kopp appelsinjuice
- 1 finhakket hvitløksfedd
- 1 ts granulert kyllingbuljong
- 1 ss karripulver
- 1/2 ts kosher salt
- 1/2 ts ingefær, finhakket
- 1/4 ts kanel, malt
- 2 ss maisstivelse
- 2 ss vann, kaldt
- Valgfritt: kokt, varm ris

- 1/4 kopp ristet, strimlet, søtet kokosnøtt
- 1/4 kopp rosiner

Veibeskrivelse:

a) Kombiner de første 10 ingrediensene ovenfor i en liten saktekoker. Dekk til saktekokeren. Stek på lavt nivå i 6 timer (kanskje mindre så lenge kjøttet er mørt).

b) Skru saktekokeren opp til høy. I en liten miksebolle, visp sammen vann og maisstivelse til en jevn masse. Tilsett og rør inn i saktekokeren. Sett dekselet på igjen. Rør en gang mens du koker til den tykner, 1/2 time. Server med ris på tallerkener eller i boller. Dryss kokos og rosiner på toppen, hvis du bruker.

83. Karri svinekjøtt

Gir 4 porsjoner

ingredienser:

- 1 x 13 og 1/2-oz. boks kokosmelk, usøtet
- 2 ss fiskesaus
- 2 ss lavnatrium soyasaus
- 1 ss granulert sukker
- 1 ts salt, kosher
- 3/4 ts svart pepper, hvit
- 1/2 ts gurkemeie, malt
- 1/2 ts karripulver
- 3/4 kopp kondensert melk, søtet
- 1 og 1/2 lbs. 4 x 1/2" svinekjøttskulder, kuttet i strimler, uten ben
- 4 oz. av 1/2"-kuttede biter av fett

Veibeskrivelse:

a) Kok opp kokosmelk, soyasaus, fiskesaus, salt, kvernet pepper, sukker, gurkemeie og karripulver i en middels kjele, rør av og til. Reduser varmen. La småkoke i 10 til 15 minutter, til smakene smelter sammen og sausen begynner å boble.

b) Overfør blandingen til en stor bolle. La avkjøle litt og rør deretter inn i kondensert melk. Smak på sausen og smak til etter ønske.

c) Tilsett svinekjøttet. Kast mens du masserer svinekjøttet med hendene. Dekke til. Avkjøl i en time.

d) Forbered grillen for middels høy varme.

e) Tre 1 stykke fett ned på midten av spydene. Tråd på svinekjøtt. Snu av og til mens du griller i 4-5 minutter, til den er gjennomstekt og lett forkullet. Tjene.

84. Svinekarri med aubergine

Gir 6 porsjoner

ingredienser:

- 4 lange røde chili, delt på langs, med frø
- 1 tykk skive galangal, hakket
- 1 hode fersk løk (svartløk), hakket
- 2 fedd hvitløk, finhakket
- 2 korianderrøtter, hakket
- 1 stilk sitrongress, kun hvit del, i tynne skiver
- 1 ts kvernet hvit pepper
- 1 ts rekepasta
- 1 ts fiskesaus
- 2 ss crunchy peanøttsmør
- 600 g (1 lb 5 oz) svinekjøtt
- 1 tykk skive ingefær
- 2 ss revet palmesukker

- 80 ml (2½ oz/1/3 kopp) fiskesaus

- 400 ml (14 oz) kokoskrem (ikke rist formen)

- 250 g (9 oz) aubergine (aubergine), kuttet i 2 cm (¾ tomme) terninger

- 225 g (8 oz) hermetiske bambusskudd eller 140 g (5 oz) drenerte, hakkede

- 1 stor håndfull thaibasilikum, hakket

Veibeskrivelse:

a) Legg de hakkede chiliene i en grunn bolle og dekk med nok varmt vann til å dekke og la hvile i 15 minutter eller til de er møre. Tøm, ta vare på 1 spiseskje av bløtleggingsvæsken.

b) Plasser chiliene og den reserverte bløtleggingsvæsken med resten av ingrediensene til karripastaen, unntatt peanøttsmøret, i en foodprosessor eller morter og stamper og bearbeid eller slå til en jevn pasta. Rør inn peanøttsmøret.

c) Skjær svinekjøttet i 1 cm (½ tomme) tykke skiver. Ha i en kjele og dekk med vann. Tilsett en skive ingefær, 1 ss palmesukker og 1 ss fiskesaus.

d) Kok opp over høy varme, reduser deretter til en la det småkoke og stek i 20-25 minutter eller til kjøttet er mørt.

e) Ta av varmen og la kjøttet avkjøles i flytende kraft. Sil deretter og behold 250 ml (9 oz/1 kopp) av kokevæsken.

f) Hell den tykke kokoskremen fra toppen av kjelen i en kjele, kok opp på middels varme, rør av og til, og kok i 5-10 minutter eller til blandingen 'deler seg' (smøret begynner å skille seg).

g) Tilsett karripasta og resterende palmesukker og fiskesaus og kok opp. La det småkoke og kok i ca 3 minutter eller til dufter.

h) Tilsett svinekjøtt, aubergine, hakket bambus, reservert svinekjøtt og resten av kokoskremen.

i) Øk varmen og la det koke opp igjen før du reduserer til en koking og koker i ytterligere 20-25 minutter eller til auberginen er mør og sausen har tyknet litt. Dryss basilikumbladene på toppen.

85. Sri Lankas Fried Pork Curry

Gir 6 porsjoner

ingredienser:

- 80 ml (2½ oz/1/3 kopp) smør

- 1,25 kg (2 lb 12 oz) beinfri svinekjøttskulder, kuttet i 3 cm (1¼in) terninger

- 1 stor rødløk, finhakket

- 3-4 fedd hvitløk, knust

- 1 ss revet ingefær

- 10 karriblader

- 1 ts bukkehornkløverfrø

- 1 ts chilipulver

- 6 kardemommestenger, revet

- 2½ ss srilankisk karripulver

- 1 ss hvit eddik

- 3 ss tamarindkonsentrat

- 270 ml (9½ oz) kokoskrem

Veibeskrivelse:

a) Varm halvparten av oljen i en stor kjele over høy varme, tilsett kjøttet og stek i porsjoner i 6 minutter eller til det er brunet. Fjern fra pannen. Varm opp den gjenværende oljen, tilsett løken og stek på middels varme i 5 minutter eller til den er brun.

b) Tilsett hvitløk og ingefær og stek i 2 minutter. Rør inn karriblader, krydder og karri og kok i 2 minutter eller til dufter. Rør inn eddik og 1 ts salt.

c) Ha kjøttet tilbake i pannen, tilsett tamarindkonsentratet og 310 ml (10¾ oz/1¼ kopper) vann og la det småkoke under lokk, rør av og til i 40–50 minutter eller til kjøttet er mørt.

d) Rør inn kokoskremen og la det småkoke uten lokk i 15 minutter eller til sausen har redusert og tyknet litt. Server umiddelbart.

86. Svinekjøtt vindaloo

Gir 4 porsjoner

ingredienser:

- 1 kg (2 lb 4 oz) svinekam
- 3 ss smør
- 2 løk, finhakket
- 4 fedd hvitløk, knust
- 1 ss finhakket ingefær
- 1 ss garam masala
- 2 ss brune sennepsfrø
- 4 ss ferdiglaget vindaloo pasta

Veibeskrivelse:

a) Rens ytrefileten for overflødig fett og sener og skjær den i passe store biter.

b) Varm oljen i en kjele, tilsett kjøttet i små porsjoner og stek på middels varme i

5-7 minutter eller til det er brunet. Fjern fra pannen.

c) Tilsett løk, hvitløk, ingefær, garam masala og sennepsfrø i pannen og stek under omrøring i 5 minutter eller til løken er myk.

d) Ha alt kjøttet tilbake i pannen, tilsett vindaloo-pastaen og kok under omrøring i 2 minutter. Tilsett 625 ml (21½ oz/2½ kopper) vann og kok opp.

e) Reduser varmen og la det småkoke under lokk i 1½ time eller til kjøttet er mørt.

87. Svinekjøtt og kardemomme karri

Gir 4 porsjoner

ingredienser:

- 10 kardemommestenger
- 6 cm (2½ tommer) stykke ingefær, hakket
- 3 fedd hvitløk, knust
- 2 ts sorte pepperkorn
- 1 kanelstang
- 1 løk, finhakket
- 1 ts malt spisskummen
- 1 ts malt koriander
- 1 ts garam masala
- 3 ss smør
- 1 kg (2 lb 4 oz) indrefilet av svin, i tynne skiver
- 2 tomater, finhakket

- 125 ml (4 oz/½ kopp) kyllingkraft
- 125 ml (4 oz/½ kopp) kokosmelk

Veibeskrivelse:

a) Knus kardemommebelgene lett med den flate siden av en tung kniv. Fjern frøene ved å kaste belgene.

b) Plasser frøene og de resterende ingrediensene til karripasta i en foodprosessor eller morter og stamper og bearbeid eller slå til en jevn pasta.

c) Ha 2½ ss olje i en stor tykkbasert stekepanne og stek svinekjøttet i omganger til det er brunt, og sett til side.

d) Tilsett den resterende oljen i pannen, tilsett deretter karripastaen og kok over middels høy varme i 3-4 minutter eller til dufter.

e) Tilsett tomat, kyllingkraft og kokosmelk og la det småkoke på lav til middels varme i 15 minutter.

f) Mens du koker, skum av all olje som kommer opp til overflaten og kast.

g) Tilsett svinekjøttet i sausen og la det småkoke uten lokk i 5 minutter eller til det er gjennomstekt.

88. Fem krydder svinekjøtt karri

Gir 4 porsjoner

ingredienser:

- 500 g (1 lb 2oz) svineribbe
- 1½ ss smør
- 2 fedd hvitløk, knust
- 190 g (6¾ oz) stekte tofupuffer
- 1 ss finhakket ingefær
- 1 ts fem krydder
- 1 ts kvernet hvit pepper
- 3 ss fiskesaus
- 3 ss søt soyasaus
- 2 ss lett soyasaus
- 35 g (1¼ oz/¼ kopp) revet palmesukker
- 1 liten håndfull korianderblader, hakket
- 100 g (3½ oz), tynne skiver snøerter

Veibeskrivelse:

a) Skjær spareribbene i 2,5 cm (1 tomme) tykke biter, og kast eventuelle små biter av bein. Ha i en gryte og dekk med kaldt vann. Kok opp, reduser deretter til koking og kok i 5 minutter. Tøm og sett til side.

b) Varm oljen i en tykk gryte over middels høy varme. Tilsett svinekjøttet og hvitløken og rør til det er lett brunt.

c) Tilsett de resterende ingrediensene unntatt snøerter, pluss 560 ml (19$\frac{1}{4}$ oz/2$\frac{1}{4}$ kopper) vann.

d) Dekk til, kok opp, reduser deretter til en koking og kok, rør av og til, i 15–18 minutter eller til svinekjøttet er mørt.

e) Rør inn snøertene og server.

89. Grønn urt svinekarri

Gir 6 porsjoner

ingredienser:

- 2 ss korianderfrø
- 2 ss fennikelfrø
- 1 ts kvernet hvit pepper
- 1½ ss revet ingefær
- 6 fedd hvitløk, knust
- 2 løk, hakket
- 3 ss smør
- 1 kg (2 lb 4 oz) svinekjøtt, kuttet i 2 cm (¾ tomme) terninger
- 250 ml (9 oz/1 kopp) kyllingkraft
- 125 g (4½ oz/½ kopp) vanlig yoghurt
- 1 stor håndfull koriander
- 1 stor håndfull dill, grovhakket

Veibeskrivelse:

a) Rist koriander- og fennikelfrøene i en panne på middels høy varme i 2-3 minutter eller til dufter. La avkjøle. Bruk en morter eller en krydderkvern, knus eller mal til et pulver.

b) Ha de malte koriander- og fennikelfrøene sammen med pepper, ingefær, hvitløk og løk i en foodprosessor eller morter og stamper og bearbeid eller bank til en jevn pasta. Tilsett litt vann hvis den er for tykk.

c) Varm 2 ss olje i en tykkbasert kjele over høy varme og brun svinekjøttet i omganger. Sette til side.

d) Reduser varmen til lav, tilsett deretter den resterende oljen og kok krydder- og løkpastaen under konstant omrøring i 5-8 minutter. Legg svinekjøttet tilbake i pannen og rør for å dekke med pastaen.

e) Tilsett kyllingkraften, øk varmen til høy og kok opp, reduser deretter til svært lav varme, dekk til og stek i $2-2\frac{1}{2}$ time eller til svinekjøttet er veldig mørt. Mens du koker, rør av og til og skum av all olje som kommer opp til overflaten og kast.

f) Plasser yoghurt, hakket koriander, dill og 3 ss av svinekjøttet i en mugge eller bolle og bland med en kraftig blender til den er jevn, og legg deretter tilbake til svinekjøttet.

g) Fjern fra varmen, krydre godt etter smak og server.

90. Svinekjøtt, honning og mandelkarri

Gir 4 porsjoner

ingredienser:

- 1 kanelstang
- 3 kardemommebelger
- 750 g (1 lb 10 oz) beinfri svinekjøttskulder
- 1 ss smør
- 2 ss honning
- 3 fedd hvitløk, knust
- 2 løk, hakket
- 150 ml (5 oz) kyllingkraft
- 1 ts malt gurkemeie
- 1 ts malt svart pepper
- 1 ts revet sitronskall
- 1 ts revet appelsinskall
- 250 g (9 oz/1 kopp) vanlig yoghurt

- 30 g (1 oz/¼ kopp) skivede mandler, ristet

- 1 liten håndfull korianderblader, hakket

- 1 liten håndfull flatblad (italiensk) persille, hakket

Veibeskrivelse:

a) Tørrsteik kanel og kardemomme i en panne på middels til høy varme i 2-3 minutter eller til dufter. La avkjøle. Bruk en morter eller en krydderkvern, knus eller mal til et pulver.

b) Skjær svinekjøttet i 2 cm (¾ tomme) terninger. Varm opp olje og honning i en tykk gryte på middels varme. Tilsett svinekjøttet, hvitløken og løken i terninger og stek i 8-10 minutter eller til løken er gjennomsiktig og svinekjøttet lys gyldent.

c) Tilsett 200 ml (7 oz) vann og kyllingkraften, kok opp, reduser deretter til en la det småkoke, dekk til og kok, rør av og til, i 1 time og 15 minutter eller til svinekjøttet er mørt.

d) Ta av lokk og la det småkoke over høy varme i 10 minutter, eller til det meste av væsken er absorbert. Tilsett knust krydder, gurkemeie, sort pepper, 1 ts salt og sitrusskall og la det småkoke i ytterligere 3-4 minutter.

e) For å servere, varm forsiktig opp ved å røre inn yoghurt, mandler, hakket koriander og persille.

KORN/KORN KARRI

91. Linsekarri

Gir 10 porsjoner

ingredienser:

- 4 kopper vann, filtrert
- 1 x 28-oz. boks tomater, knust
- 3 skrellede mellomstore poteter i terninger
- 3 mellomstore gulrøtter i tynne skiver
- 1 kopp tørkede, skyllede linser
- 1 stor løk hakket
- 1 hakket selleriribbe
- 4 ss karripulver
- 2 laurbærblad, tørket
- 2 hakkede hvitløksfedd
- 1 og 1/4 ts salt, kosher

Veibeskrivelse:

a) Kombiner de første 10 ingrediensene ovenfor i en langsom komfyr.

b) Kok på høy til linser og grønnsaker er møre, ca 6 timer.

c) Tilsett salt og bland. Kast laurbærbladene og server.

92. Blomkål og kikertkarri

Gir 4 porsjoner

ingredienser:

- 2 pund skrellede, 1/2"-terninger poteter
- 1 lite blomkålhode skåret i buketter
- 1 x 15 oz. boks med skyllede, avrente kikerter
- 2 ss karripulver
- 3 ss olje, olivenolje
- 3/4 ts salt, kosher
- 1/4 ts sort pepper
- 3 ss hakket persille eller koriander

Veibeskrivelse:

a) Dekk en 15" x 10" x 1" panne med nonstick matlagingsspray. Forvarm ovnen til 400F.

b) Ha de syv første ingrediensene i en stor bolle og rør rundt. Ha dem over i gryten.

c) Stek i en 400F ovn i 30 til 35 minutter, rør av og til, til grønnsakene er møre. Dryss over koriander eller persille. Tjene.

93. Kikert og Quinoa Curry

Gir 4 porsjoner

ingredienser:

- 1 og 1/2 kopper vann, filtrert
- 1/2 kopp appelsinjuice
- 1 x 15 oz. boks med skyllede, drenerte garbanzobønner eller kikerter
- 2 frødede, hakkede tomater, medium
- 1 julienne medium rød pepper, søt
- 1 kopp skylt quinoa
- 1 lite hode rødløk, finhakket
- 1 ts karripulver
- 1/2 kopp rosiner, gylne eller mørke
- 1/2 kopp hakket koriander, fersk

Veibeskrivelse:

a) I en stor panne, kok opp vannet og fersk eller flaske appelsinjuice. Tilsett og rør inn tomater, kikerter, quinoa, rød paprika, løk, karri og rosiner. Gi blandingen et oppkok. Senk deretter varmen.

b) Dekk til fatet. La det småkoke til blandingen absorberer væske, 15 til 20 minutter.

c) Fjern kjelen fra varmen. Rør og strø koriander over karriblandingen. Serveres varm.

94. Dal karri

Gir 4 porsjoner

ingredienser:

- 200 g (7 oz/¾ kopp) røde linser
- 3 tykke skiver ingefær
- 1 ts malt gurkemeie
- 1 ss ghee eller olje
- 2 fedd hvitløk, knust
- 1 løk, finhakket
- 1 ts gule sennepsfrø
- en klype asafoetida, valgfritt
- 1 ts spisskummen frø
- 1 ts malt koriander
- 2 grønne chili, halvert på langs
- 2 ss sitronsaft

Veibeskrivelse:

a) Ha linsene og 750 ml (26 oz/3 kopper) vann i en kjele og kok opp. Reduser varmen, tilsett ingefær og gurkemeie og la det småkoke under lokk i 20 minutter eller til linsene er møre. Rør av og til for å unngå at linsene setter seg fast i pannen. Fjern ingefæren og smak til linseblandingen med salt.

b) Varm ghee eller olje i en panne, tilsett hvitløk, løk og sennepsfrø og stek på middels varme i 5 minutter eller til løken blir gylden.

c) Tilsett asafoetida, spisskummen, malt koriander og chili og kok i 2 minutter.

d) Tilsett løkblandingen til linsene og bland forsiktig for å kombinere. Tilsett 125 ml (4 oz/½ kopp) vann, reduser varmen til lav og kok i 5 minutter. Rør inn sitronsaften og server.

95. Dum aloo

Gir 6 porsjoner

ingredienser:

- 4 kardemommebelger
- 1 ts revet ingefær
- 2 fedd hvitløk, knust
- 3 røde chilipepper
- 1 ts spisskummen frø
- 40 g (1½ oz/¼ kopp) cashewnøtter
- 1 ss hvite valmuefrø
- 1 kanelstang
- 6 nellik
- 1 kg (2 lb 4 oz) universalpoteter, i terninger
- 2 løk, finhakket
- 2 ss smør
- ½ ts malt gurkemeie

- 1 ts kikertmel
- 250 g (9 oz/1 kopp) vanlig yoghurt
- korianderblader, til pynt

Veibeskrivelse:

a) Knus kardemommebelgene lett med den flate siden av en tung kniv. Fjern frøene ved å kaste belgene.

b) Plasser frøene og de resterende ingrediensene til karripasta i en foodprosessor eller morter og stamper og bearbeid eller slå til en jevn pasta.

c) Kok opp en stor kjele med lettsaltet vann. Tilsett potetene og kok i 5-6 minutter eller til de er møre, og la dem renne av.

d) Ha løken i en foodprosessor og bearbeid den i korte støt til den er finhakket, men ikke moset.

e) Varm oljen i en stor kjele, tilsett løken og stek på lav varme i 5 minutter. Tilsett karripasta og kok under omrøring i ytterligere 5 minutter eller til dufter. Rør inn poteter, gurkemeie, salt etter smak og 250 ml (9 oz/1 kopp) kaldt vann.

f) Reduser varmen og la det småkoke, godt dekket, i 10 minutter, eller til potetene er kokt, men ikke faller fra hverandre og sausen har tyknet litt.

g) Kombiner besanen med yoghurten, tilsett potetblandingen og kok under omrøring på lav varme i 5 minutter eller til den tykner igjen.

h) Pynt med korianderblader og server.

96. Paneer og ertekarri

Gir 5 porsjoner

ingredienser:

Paneer

- 2 liter (70 oz/8 kopper) melk
- 80 ml (2½ oz/1/3 kopp) sitronsaft
- olje til frityrsteking

Karripasta

- 2 store løk
- 3 fedd hvitløk
- 1 ts revet ingefær
- 1 ts spisskummen frø
- 3 tørkede røde chilier
- 1 ts kardemommefrø
- 4 nellik
- 1 ts fennikelfrø
- 2 kassiaskall

- 500 g (1 lb 2oz) erter

- 2 ss smør

- 400 ml (14 oz) tomater passata (purert tomater)

- 1 ss garam masala

- 1 ts malt koriander

- 1 ts malt gurkemeie

- 1 ss rømme (pisket) på korianderblader, til servering

Veibeskrivelse:

a) Ha melken i en stor kjele, kok opp, rør inn sitronsaften og slå av varmen. Bland blandingen i 1-2 sekunder til den tykner.

b) Legg i et dørslag og la stå i 30 minutter for å renne av mysen. Plasser ostemassen på en ren, flat overflate, dekk til med en tallerken, vei og la den stå i minst 4 timer.

c) Ha alle ingrediensene til currypaste i en foodprosessor eller morter og stamper og bearbeid eller bank dem til en jevn pasta.

d) Skjær det solide panelet i 2 cm ($\frac{3}{4}$ tomme) terninger. Fyll en dyp, tykkbasert kasserolle en tredjedel full med smør og varm opp til 180 °C (350 °F) eller til en terning med brød blir brun på 15 sekunder. Stek paneren i omganger i 2–3 minutter eller til den er gylden. Tørk av på et papirhåndkle.

e) Kok opp en kjele med vann, tilsett ertene og kok i 3 minutter eller til de er møre. Tøm og sett til side.

f) Varm oljen i en stor kjele, tilsett karripasta og kok på middels varme i 4 minutter eller til dufter. Tilsett de purerte tomatene, krydderne, fløten og 125 ml (4 oz/$\frac{1}{2}$ kopp) vann. Smak til med salt og la det småkoke på middels varme i 5 minutter.

g) Tilsett paneer og erter og stek i 3 minutter. Pynt med korianderblader og server.

FRUKT KARRI

97. Varm og sur ananas karri

Gir 6 porsjoner

ingredienser:

- 1 halvmoden ananas, uten kjernehus, kuttet i biter
- ½ ts malt gurkemeie
- 1 stjerneanis
- 1 kanelstang, delt i små biter
- 7 nellik
- 7 kardemommestenger, revet
- 1 ss smør
- 1 løk, finhakket
- 1 ts revet ingefær
- 1 fedd hvitløk, knust
- 5 røde chili, hakket
- 1 spiseskje sukker
- 3 ss kokoskrem

Veibeskrivelse:

a) Ha ananasen i en kjele, dekk med vann og tilsett gurkemeie. Legg stjerneanis, kanel, nellik og kardemommebelger på en firkant med muslin og surr godt med hyssing.

b) Tilsett i pannen og kok på middels varme i 10 minutter. Klem på posen for å trekke ut smaken, og kast deretter. Reserver kokevæsken.

c) Varm oljen i en panne, tilsett løk, ingefær, hvitløk og chili og stek under omrøring i 1-2 minutter eller til dufter. Tilsett ananas og kokevæske, sukker og salt etter smak.

d) Kok i 2 minutter, og rør deretter inn kokoskremen. Kok under omrøring på lav varme i 3-5 minutter eller til sausen tykner. Server denne karrien varm eller kald.

98. Søt svinekjøtt og ananas karri

Gir 4 porsjoner

ingredienser:

- 500 g (1 lb 2 oz) beinfri svinelår, trimmet for overflødig fett

- 1 ss smør

- 3 fedd hvitløk, knust

- 125 ml (4 oz/½ kopp) brun malteddik

- 45 g (1½ oz/¼ kopp) palmesukker (jaggery), revet

- 3 ss tomatpuré

- 1 tomat, kuttet i sirkler

- 1 løk, kuttet i tynne ringer

- 90 g (3¼ oz/½ kopp) ananas, kuttet i biter

- 1 agurk, halvert på langs, frø, kuttet

- 1 rød paprika, kuttet i strimler

- 2½ ss hakket jalapeñopepper

- 2 ferske løk, kuttet i 5 cm (2in) biter
- 1 liten håndfull korianderblader

Veibeskrivelse:

a) Skjær svinekjøttet i 3 cm (1¼ tomme) terninger. Varm oljen i en stor kjele på middels varme.

b) Tilsett svinekjøttet og hvitløken og stek i 4-5 minutter eller til svinekjøttet er lett brunet.

c) I en annen kjele, rør eddik, palmesukker, ½ ts salt og tomatpuré over middels varme i 3 minutter eller til palmesukkeret er oppløst.

d) Tilsett eddikblandingen til svinekjøttet sammen med tomat, løk, ananas, agurk, chili og jalapeño.

e) Kok opp, reduser deretter til en koking og kok i 8-10 minutter eller til svinekjøttet er mørt. Rør inn løk og koriander og server.

99. Svinekjøtt og bitter melon karri

Gir 4 porsjoner

ingredienser:

- 6 bitre meloner, ca. 700 g (1 lb 9 oz) totalt
- 2 ss sukker

Svinekjøttfyll

- 250 g (9 oz) malt (kvernet) svinekjøtt
- 1 ts hakket ingefær
- 1 ts hvite pepperkorn, knust
- 1 fedd hvitløk, knust
- 1 vårløk (rødløk), finhakket
- 1 ts rød pepper
- 2 ss finhakkede vannkastanjer
- 2 kaffir limeblader, tynne skiver 1½ ss hakkede peanøtter
- 1 liten håndfull korianderblader, hakket

- 1 ss revet palmesukker (jaggery)
- 1 ss fiskesaus
- 3 ss smør
- 1 ss ferdig rød karripasta
- 1 ss revet palmesukker (jaggery)
- 1 ss fiskesaus
- 250 ml (9 oz/1 kopp) kokoskrem
- 4 kaffir limeblader

Veibeskrivelse:

a) Kast endene av den bitre melonen, og skjær deretter i 2,5 cm (1 tomme) skiver. Skrap ut den fibrøse sentrale membranen og frøene med en liten kniv, og la de ytre ringene være intakte.

b) Kok opp 750 ml (26 oz/3 kopper) vann med sukker og 3 ts salt. Melon blancheres i 2 minutter og dreneres.

c) Kombiner alle ingrediensene til svinefyllet. Pakk dette inn i melonbitene.

Varm 2 ss olje i en tykk kasserolle over lav varme og tilsett cantaloupen, stek i 3 minutter på hver side eller til svinekjøttet er gyllent og svidd. Sette til side.

d) Tilsett den resterende oljen i pannen med den røde karripastaen. Rør i 3 minutter eller til dufter.

e) Tilsett palmesukker og fiskesaus og rør til det er oppløst. Tilsett kokoskremen, 250 ml (9 oz/1 kopp) vann og kaffirlimeblader.

f) La det småkoke i 5 minutter, og tilsett deretter den bitre melonen forsiktig. Fortsett å putre, snu svinekjøttet halvveis, i 20 minutter eller til svinekjøttet er gjennomstekt og cantaloupen er mør.

100. Snapper med grønne bananer og mango

Gir 4 porsjoner

ingredienser:

- 3 ss korianderfrø
- 1 ts spisskummen frø
- 2-3 tørkede lange røde chilier
- 2 sitrongressstilker, kun hvit del, finhakket
- 3 røde asiatiske sjalottløk, finhakket
- 2 fedd hvitløk, knust
- 1 ts malt gurkemeie
- 1 ts rekepasta
- 1 ts malt gurkemeie
- 1 liten grønn banan eller groblad, i tynne skiver
- 3 ss kokoskrem
- 1 ss fiskesaus

- 1 ts revet palmesukker (jaggery

- 400 g (14 oz) kveite eller annen skinnfri hvit fiskefilet, kuttet i store terninger

- 315 ml (10¾ oz/1¼ kopper) kokosmelk

- 1 liten mango, akkurat moden, i tynne skiver

- 1 lang grønn chili, finhakket

- 12 blader Thai basilikum

Veibeskrivelse:

a) Tørrsteik koriander- og spisskummenfrøene i en panne på middels til høy varme i 2-3 minutter eller til dufter. La avkjøle. Bruk en morter eller en krydderkvern, knus eller mal til et pulver.

b) Bløtlegg chiliene i kokende vann i 5 minutter eller til de er møre. Fjern stilken og frøene, og hakk deretter.

c) Ha chili, malt koriander og spisskummen sammen med resten av ingrediensene til karripasta i en foodprosessor eller morter og stamper og bearbeid eller slå til en jevn pasta. Tilsett litt olje hvis den er for tykk.

d) Kok opp en liten kjele med vann. Tilsett 1 ts salt, gurkemeie og bananskiver og la det småkoke i 10 minutter, og hell deretter av.

e) Ha kokoskremen i en kjele, la det småkoke på middels varme, rør av og til, og kok i 5-10 minutter eller til blandingen "deler seg" (smøret begynner å skille seg). Tilsett 2 ss av den tilberedte karripastaen, rør godt for å kombinere og kok til dufter. Tilsett fiskesaus og sukker og kok i ytterligere 2 minutter eller til blandingen begynner å bli mørkere.

f) Tilsett fiskestykkene og bland godt for å dekke fisken i karriblandingen. Tilsett kokosmelken sakte til den er blandet.

g) Tilsett banan, mango, grønn chili og basilikumblader i pannen og bland forsiktig for å kombinere alle ingrediensene.

h) Kok i ytterligere 1-2 minutter, og server deretter.

KONKLUSJON

Denne karrikokeboken viser deg hvordan du bruker forskjellige ingredienser for å få frem de unike, krydrede smakene i mange karriretter. Enten du lager mat med biff, lam, svinekjøtt eller grønnsaker, vil disse autentiske karrirettene garantert glede familien og gjestene.

www.ingramcontent.com/pod-product-compliance
Lightning Source LLC
Chambersburg PA
CBHW070457120526
44590CB00013B/671